スポーツが持つ可能性を考える

横浜商科大学公開講座

南窓社

はしがき

公開講座運営委員長
浮田善文

本書は、「スポーツが持つ可能性を考える」と題して、令和三年六月五日から六月二六日にかけて開催された「令和三年度・横浜商科大学公開講座」（全四回）における講演の内容をもとに、各回の担当講師が執筆した論文をまとめたものである。

今年で通算第三七回目を迎える本学の公開講座はこれまで毎年実施してきたが、昨年は新型コロナウイルスの感染拡大の影響で初めて開催中止となった。今年も感染拡大が続く中、開催が危ぶまれたものの、本学関係者各位のご尽力により、オンラインにて無事に開催することができたことを大変うれしく思っている。

さて今年の公開講座のテーマは「スポーツが持つ可能性を考える」である。ちょうど、スポーツの祭典である東京二〇二〇オリンピック・パラリンピックを一か月後に控えた今、我々にとってスポーツの役割はどのようなものであろうか？Ｊリーグは、一九九三年発足時に三つの理念を提示したがそのうちの一つは「豊かなスポーツ文化の振興及び国民の心身の健全な発達への寄与」である。スポーツが単に「する」ものだけではなく、観るもの、支えるもの、さらにスポーツは使うものであるということを我々が知ったことは、この三十年間での一番大きな変化である。本公開講座は、三十年前に掲げた理念を実現させるために今、何ができるかを、講座を通して、受講者と共に考えることを目指したものである。

本講座では、横浜商科大学商学部に所属する四名の教員に、各々の専門分野の視点から、現代におけるスポーツの力や役割について、分かりやすく解説いただいた。前半の二回は、スポーツのデータ活用、スポーツ指導における心理学の活用について、身近な事例や最新の手法を通じて学び、我々の生活の中でどのような活用ができるかを講座受講者で共有した。後半の二回は、スポーツ基本計画（二〇一二年策定）から十年の今、スポーツの持つ多様な価値、地域の活性化、共生社会の実現について学んだ後、オリパラ後のスポーツの課題についても、様々な視点・角度からとらえることにより、現在の我々に何ができるかを講座受講者で共有した。

また、今回の講座全体を通して、スポーツを通じた人と人との繋がりの素晴らしさを再確認することができ、スポーツは世界・未来を変える無限の可能性を持っていることも分かった。

本公開講座は全四回とも熱心な受講者の方にご参加いただき、講演終了後の質疑応答では活発な意見交換が行われた。本講座はこのような方々に支えられ、これまで継続することができているとともに、ご後援をいただいている横浜市鶴見区役所関係各位のご支援・ご協力によるものである。この場を借りて、深くお礼申し上げると共に、感謝申し上げる。

また、本書の刊行にあたり、編集から大変お世話になった南窓社の松本訓子氏、今回の講座を企画して下さった村林商学部長兼スポーツマネジメントコース長、講座の運営・原稿の取り纏めなど様々なご協力をいただいた本学関係者各位にもあらためて御礼申し上げるとともに、感謝申し上げる。

二〇二二年二月

スポーツが持つ可能性を考える　目　次

スポーツが持つ可能性を考える

スポーツ界に広がるデータ活用

永野智久

はじめに

筆者は、毎朝、起床するとスマートフォンの天気アプリを立ち上げる。気温や天候の変化を確認し、その日の服装を半袖にするか長袖にするか決めたり、折り畳み傘を荷物に入れて家を出るかどうか、瞬時に判断する。このような一連の振る舞いを日課としている方は、多いのではないか。また、出かけた先で、急に雨が降ってきたとしても、あとどれくらいで雨が止みそうか、アプリの情報を見ながら、次の行動を決めるという方もいるはずである。スマートフォンに備わっているＧＰＳ機能により、膨大な気象データから、現在という「時間」と「場所」

をマッチングさせたデータを抽出し、利用者の目的に応じてわかりやすく提示された情報は、私たちの日常にある当たり前の「データ活用」と言えるだろう。

　このような気象データは、実はスポーツの世界でも活用されるシーンが増えている。例えば、気象サービスを提供するウェザーニューズは、二〇一五年からラグビー日本代表をサポートし、同年のラグビーワールドカップイングランド大会では、気象の予報とスタジアムの形状を踏まえた風の予測を情報として提供し、南アフリカ戦で歴史的勝利をおさめた一つの要因として高く評価されている。また、その一方で、日本代表選手のように管理を徹底されているトップアスリートよりも、アマチュア選手や学生選手、さらには公園でウォーキングをするような一般人のほうが、熱中症などの気象リスクが高いと考えられる。実は、その課題を解決するために気象データを活用する取り組みも進んでいる。同社は、より多くの人が、より安全に楽しくスポーツ活動を実施する上で、気象を味方につけるための「MiCATA（ミカタ）」というアプリを開発し、広く一般に提供している。

　データは「これまで（過去または今）の事実」で変えることはできないが、目的に応じて関連性のあるデータを組み合わせることで、使いやすい「情報」に昇華し、より良い「未来」を準備するために活用することが重要である。私たちの日常生活では、大量に蓄積されたデータが、当たり前のように、かつ無意識に活用されている。一方で、スポーツ界でのデータ活用は、まだまだ一般的な知見として広く浸透しているとは言えない。本稿では、スポーツ界のデータ活用について整理すると同時に、今後のデータ活用を促進するための手がかりを模索する。

一　スポーツに関わるデータとその活用とは

(1) スポーツとの関わり方

一般的にスポーツには「する」「みる」「支える」という関わり方があると理解されている。また、近年は、スポーツを「みんなのもの」として捉え、目的に応じて「競技」から「健康・レクリエーション」という多様な範囲における参画人口を増やすことが、心身共に豊かな生活を築く上で重要とされている。このような捉え方の中でも、スポーツを「する」ということは、その起点として重要な位置付けであり、「する」を抜かして、「みる」「支える」という関わり方は成立しない。次項では、スポーツを「する」ことで得られるデータについて少し整理しておきたい。また、論点が発散しないように、「競技」「する」という目的に応じたデータに焦点を置きたい。

(2) スポーツデータの大別

私たちがスポーツで扱うデータは、試合や競技以外の場面で観察可能な「周辺データ」と、

周辺データ ＝試合以外でも観察できること

用具（ユニフォーム, シューズ, ボール, デバイス・・・）
環境（スタジアム, 座席, ピッチ状態, 気温湿度, 天候・・・）
マーケティング（クラブ, ファンクラブ, サポーター, 地域, SNS, グッズ・・）
選手周辺情報（メンタル, 食事, 睡眠, メディカル, 出身地, 練習日程・・・）
その他（メディア・・・）

プレーデータ ＝試合の中で観察できること

試合の結果（勝敗分, 点数）
基本スタッツ（公式記録, シュート/パス数, 支配率・・・）
イベント（いつ, どこで, 誰が, 誰に, 何をして, どうなった）
トラッキング（選手/ボール位置, 走行距離, スピード, 加速度・・・）
選手マスタ情報（選手名, 背番号, ポジション, 利き足・・・）
その他（試合映像, 試合の戦評・記事, プレー時間, 練習時間・・・）

試合や競技の中で観察可能な「プレーデータ」に大別される。本稿で扱う「する」に特化したデータは「プレーデータ」となる。プレーデータと呼ばれるものは多岐にわたるが、古くから記録として残されてきたのが、結果に特化した「公式記録」である。この公式記録は競技の主催者が記録として残すことを目的とされた最低限の情報で構成され、集計や比較することで、勝率や順位などに加工され、競技全体の様子を把握するために、誰しもが活用可能な状態で公開されている。また、公式記録は、「基本スタッツ」とも呼ばれている。さらに、プレーデータの中には、いつ、どこで、誰が、何を、どうした、といった「イベン

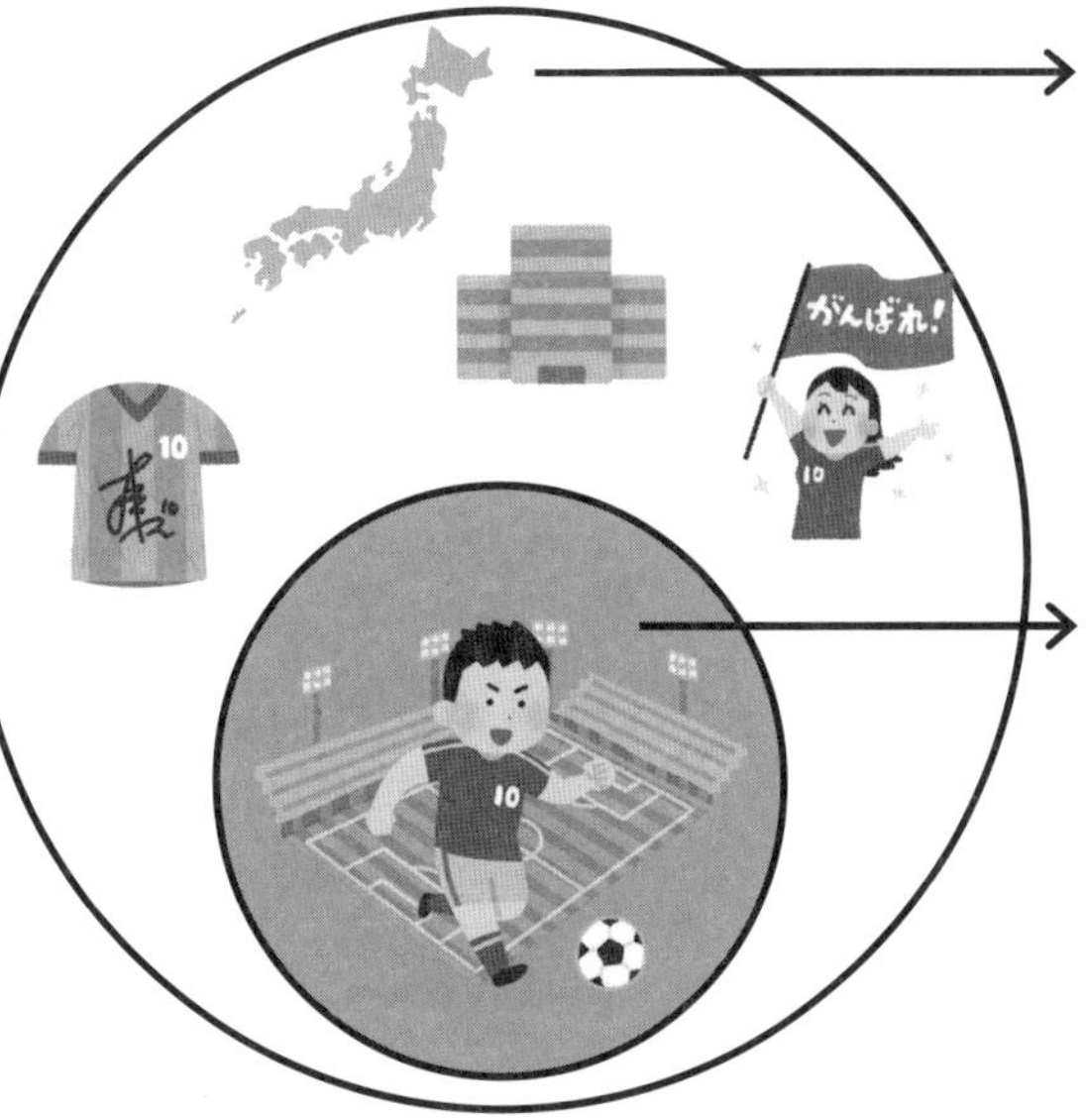

図１　スポーツデータの大別

トデータ」や、選手やボールの位置、移動距離、移動速度などを可視化した「トラッキングデータ」など、データ取得手段の違いや、その技術の進化によって多様化している（図1参照）。

このプレーデータを使うと、試合後に選手やチームのパフォーマンスを定量的に評価することが可能で、過去のデータや他チームのデータと「比較」しながら、KPI（Key Performance Indicator）としての活用が進んでいる。勝ったか負けたという二極的な評価ではなく、チームや個人の成長や、到達目標に対する達成度を客観的に評価する上で、効

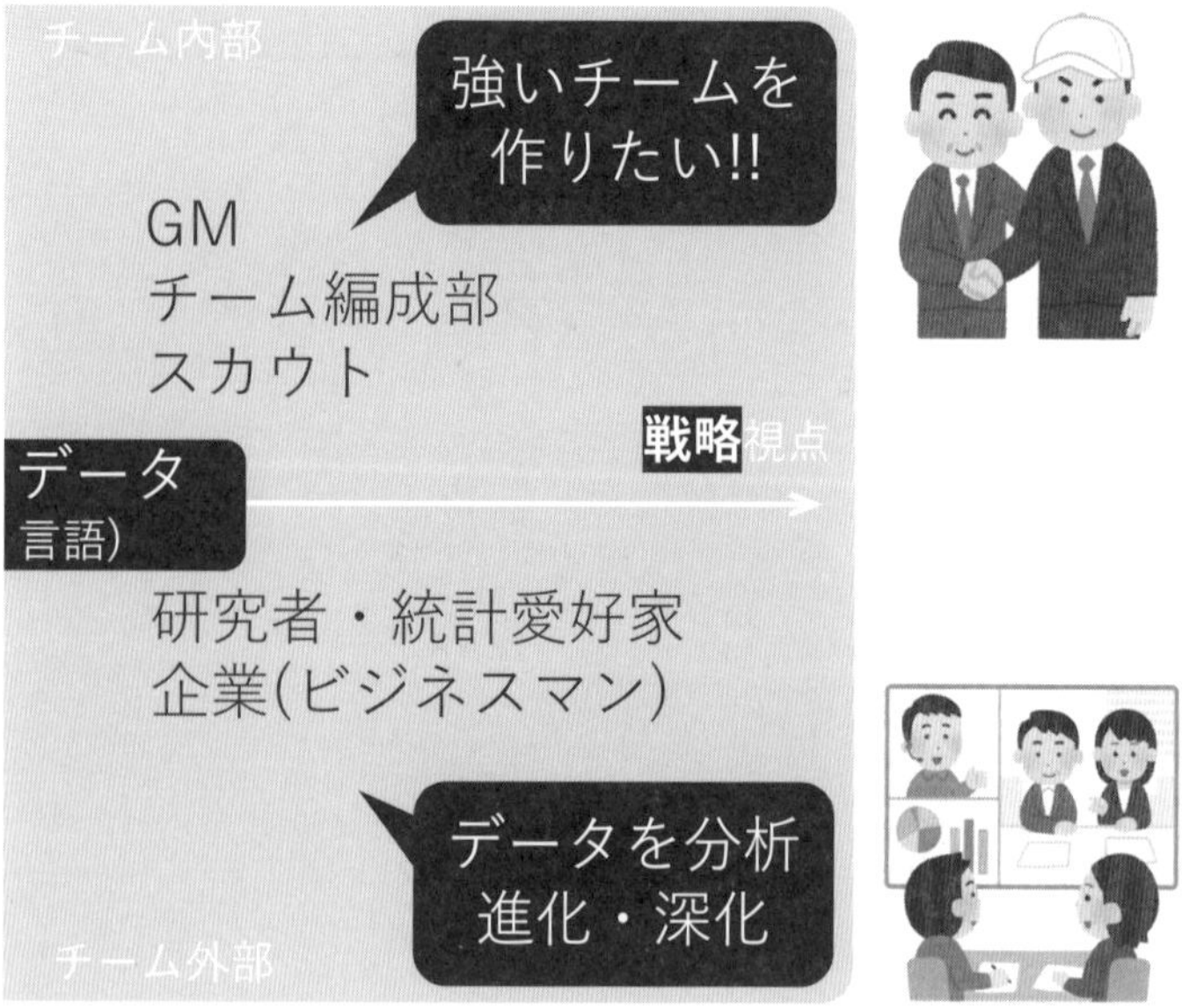

果的なプレーデータの開発も進んでいる。

(3) スポーツデータの戦術的・戦略的活用

データは目的に応じて活用することで情報としての価値を創出し、人を動かす力となる。よって、プレーデータも目的に応じて活用することが重要である。本稿では、その目的を明確にしながら、縦軸は空間的な概念としてチームの内部・外部、横軸は時間的な概念として戦術・戦略として配置し、二軸のマトリクス図として整理した(図2参照)。第一象限は、チームの内部で戦略的な視点でプレーデータを活

図２　スポーツデータの戦術・戦略的活用

用する人たちの存在である。具体的には、ＧＭ（ゼネラルマネージャー）やチーム編成担当、スカウトといったマネジメント側の人材が、中長期の時間軸で強いチームを作るとい目的で、プレーデータを活用する。第二象限は、チームの内部で戦術的な視点でデータを活用する人たちの存在である。例えば、週末の試合に勝つために対戦相手を分析しチームに情報を共有するアナリストは、近年、その存在が多くのスポーツで重要視されている。また、試合に向けて戦術を決定する監督、それに応じてトレーニングをデザインするコーチ、その戦術に応じて実際にプレーする選手は、試合に勝つための準備にデータを活用している。第三象限は、チームの外部で戦術的（ここでは単発的に）な視点でプレーデータを活用する人たちの存在である。多くのスポーツは、エンターテイメントとしての価値を「みる」人たちに提供している。スタジアムで試合を観戦したり、テレビやインターネットでの中継を視聴したり、その時間をライブで主観的に「楽しむ」ことはスポーツの醍醐味であるが、その際、プレーデータを活用し付加的な情報をメディア経由で提供している。プレーデータが結果以上にファンやサポートを楽しませる材料として提供されている。そして、最後に第四象限は、チームの外部で戦略的な視点でプレーデータを活用する人たちの存在である。米国の野球界（メジャーリーグ）で一大ブームとなった「マネーボール」のように、プレーデータをエビデンスとして捉え、それまでの監督やコーチの主観的な、経験則に偏った戦術を一新するような新しい知見が、データサイエンティストや研究者から提供され始めている。また、チーム内部にそのようなデータサイエンティストを雇用するクラブも現れ始め、データの活用を重視するスポーツ界の動きに注目が集まっている。

　また、各象限でプレーデータを活用する人たちが、その象限の中だけではなく、縦横自在に効果的なコミュニケーションを図る共通言語として活用することが期待されている。今後はさらに、部門や領域の壁を超えて、プレーデータを「One source, Multi use」で有効活用することを考える必要がある。

二　プレーデータの収集

(1) 競技特性によるデータ収集

東京二〇二〇オリンピックでは、三三の競技が実施された。プレーデータ収集の具体的な方法は、競技の特徴やゲームの構造によって大きく異なる。例えば、野球などのように決められた手順で一連のプレーが始まり終了する投打型ゲームの場合、攻撃と守備が明確に区別され、ゲームの構造が容易に理解できる。よって、古くからスコアブックに記録を残す手続きなどが整備され、共通のフォーマットとして広く普及している。さらに、打率や安打数などのように、個人のパフォーマンスが明確になっているため、データの戦術的な活用がプロ野球からアマチュアまで広く普及している。また、バレーボールやテニスなどのネット型ゲームの場合、得点を奪うためには、制限された回数でボールに接触し攻撃することがルール上で決められているため、プレーの展開が一定の周期で記録できる。また、データバレーという言葉が普及しているように、リアルタイムでのデータ収集から活用がルール上の制約を受けないバレーボールは、データ収集から活用のノウハウが蓄積されている競技スポーツの一つである。さらに、体操競技などの採点競技では、これまで審判員の主観的な評価によって採点されていた技を、テクノロジーの力を借りながら客観的に評価するなど、データの収集についても変化が伺える。

一方で、サッカーやラグビーなどのゴール型ゲームでは、プレーの流れが複雑なうえに、再現性に乏しいため、プレーデータの収集と活用には多くの苦労を強いられてきた。次項では、筆者の関心の高いサッカーのプレーデータの収集と活用について概説する。

(2) サッカーのプレーデータ収集について

サッカーのプレーデータは、収集方法などの違いから「イベントデータ」と「トラッキングデータ」の大きく二つに分類することができる。まず「イベントデータ」は、試合の中で起こった事象をプレーの種別として分類し、主にボールに関わるプレーが「いつ、どこで、誰が、何を、どうした」に基づいてタグ付けして収集する。一試合で二〇〇〇プレー以上のデータが収集される。試合映像をもとに人の目視による確認も必要なため、一試合のデータ収集には概ね十時間を要する。近年はリアルタイムにフィードバックできるようなシステムも開発されてはいるが、サッカーの試合展開の速さに対して、詳細なイベントデータをフィードバックすることは目視では難しい点も多い。次に「トラッキングデータ」は、専門機器で試合中の全選手、審判、ボールの位置データを記録した上で、移動距離や速度などの情報として算出される。イベントデータがボールに関わるプレーに特化していたのに対して、トラッキングデータはボールに関与していない選手の状態も常にトラッキングしていることが特筆すべき点である。また、トラッキングデータは、電子機器を活用していることもあり、リアルタイムに精度の高い詳細なデータをフィードバックできることも特徴である。以上を踏まえると、活用の場面も異なることが想像できるが、例えば、相手からボールを奪うまでの特定の選手の移動速度や加速ごといった情報を算出するために、イベントデータとトラッキングデータを融合する試みも行われている。

「イベントデータ」については、国内のプロリーグ（Ｊリーグ）ではデータスタジアム社が二〇〇五年シーズンから公認データとして収集・蓄積し、クラブやメディア、さらには研究機関へ提供するサービスを展開している。また、学生リーグでも、チームの意向にそって映像分析アプリを活用し、独自に収集してはいるが、定量的なデータとしての収集よりも、タグ付けした特徴的なプレー場面を効率よくフィードバックするためのツールとしての活用が主流である。その背景には、学生リーグならでは課題と、今後の学生リーグのプレーの質向上につながる可能性が秘められている。一方、「トラッキングデータ」については、計測する機器の特徴によって大きく二つに分類できる。カメラ（ビデオ）ベースの非接触型とＧＰＳベースの接触型である。国内のプロリーグにおけるトラッキングデータの収集方法による違いについて表１に整理している。国内のプロリーグ（Ｊ１リーグのみ）では、二〇一五年シーズンからカ

表1　トラッキングデータの収集方法とその特徴

	カメラベース（非接触型）	ＧＰＳベース（接触型）
データの種類・量・精度	全て（手・審判・ボール） 精度も安定	自チームの選手のみ 場所により精度に差
収集機会・データの所在	公式戦（J1リーグ）のみ リーグ主導	試合＋トレーニング クラブ主導
設置コスト	高い （スタジアム管理の課題）	安くはないが現実的 （安価なデバイスの普及）
選手への負荷	なし	あり（ベストの着用など）

メラベースのトラッキングシステムが導入され、試合後すぐに公式サイトに特定の情報が掲載されている。ただし、国内の試合会場（スタジアムなど）の管理上の制約から、試合当日に機器を設置し、試合後に撤収するなど、常設することが難しいため、運用面でのコストが課題となっている。また、GPSベースのトラッキングデータは、プロリーグに限らず、学生リーグや高校生、育成カテゴリーでも導入が進んでいるが、収集されるデータが自チームのみ、ボールの位置についても収集ができないため、位置情報から算出された移動データをもとに、運動量としての解釈で、主な活用範囲がコンディション管理に限定される。また、国際的には、International Football Association Board（IFAB）が、二〇一五年に、公式戦でのウェアラブルデバイスの導入を承認し、その利用について検討し、優位性と限界につ

いて整理している。

(3) Jリーグのプレーデータ活用事例

①＋Quality プロジェクト

Jリーグは、二〇一二年シーズンから魅力的な試合を提供するために「＋Quality（＋クオリティ）プロジェクト」を発足し、異議行為・遅延行為の減少、アクチュアルプレーイングタイムの増加などに取り組んでいる。特に、二〇一五年シーズンには、「簡単に倒れない、倒れても笛が鳴るまでプレーをやめない」、「リスタートを早くしよう」、「選手交代を早くしよう」、「異議・遅延はゼロを目指そう」と、具体的に四つの約束を明文化して、選手、監督、審判、クラブ、リーグが一体となって取り組むことを誓った。その上で、Jリーグ全試合の「異議・遅延による警告数」、「リスタート・選手交代にかかった時間」、「アクチュアルプレーイングタイム」などを公式サイトで公開した。その取り組みの効果は、J.LEAGUE PUB Report 2015にも公開され、二〇一三年シーズンからのデータを比較すると、異議による警告回数は減少した一方で、アクチュアルプレーイングタイムの増加には至らず、その要因の分析も含めて、更なる改善のためのエビデンスとして重視されている。さらに、イベントデータなどをもとに、試合中の変化の兆しについて整理した（表2参照）。その結果を見ると、単純にゴール数、

表2　データに見える「面白さ」の変化

スタッツ / プレー	2014	2015	%UP
ゴール数	774	820	5.9
シュート数	6,324	6,657	5.3
空中戦	23,278	26,764	15.0
タックル	12,997	13,155	1.2
ドリブルからのシュート	867	906	4.5
ペナルティエリア外からのゴール	86	123	43.0
ワンタッチパスの比率	40.0	41.6	1.6
ボールを奪ってからゴールまでの平均時間	19.4	17.9	7.7

試合展開	2014	2015	%UP
逆転勝ち試合	35	42	20.0
最初の 15 分のゴール数	90	99	10.0
最後の 15 分のゴール数	186	199	7.0

(J.LEAGUE PUB Report 2015, p.35 より転載)

シュート数が増えたこと、特にペナルティエリア外からのゴールが大幅に増加した点は、積極的な攻撃姿勢の表れとして捉えられる。また、ワンタッチパスの比率や、ボールを奪ってからゴールにかかるまでの時間も短縮されており、スピーディーに試合が展開されたことが読み取れる。このように「魅力的な試合」を評価するために、収集したデータからＫＰＩを定め効果的に活用している事例と言えるだろう。

同時に、魅力的なフットボールを目指して、二〇一五年シーズンから導入されたトラッキングシステムから収集されたデータを基に、ピッチ上のあらゆる動きを数値として比較することが可能になった。そして、それは同様なシステムを導入する欧州のトップレベルのクラブとの比較が容易になったことを意味している。欧州との差を改めてデータとしてリアルに比較すると同時に、更なる魅力を追求するための目標値としても活用することが可能となった。

②トラッキングデータコンテスト

Ｊリーグは二〇一五年シーズンより収集している走行距離や走行スピードなどのトラッキングデータを活用するアイデアを一般から募り競うコンテストを開催した。筆者も審査員の一人としてコンテストに参加した。当時は、トラッキングデータについての認知もまだ低く、初めて触れる新しいデータの活用法を広く募り、サービスの拡充とファン層の拡大を図る狙いがあった。最優秀賞を獲得した「サポラン」は、好みの選手を登録すると、その選手が直近の試合で走った距離が「目標値」として設定され、選手との一体感をモチベーションにしながら、次の試合までの一週間に走破することで、選手とのつながりを深める仕組みを提案した。目標を達成すると、選手にメッセージを送ることができたり、好みのチームや選手の応援歌をランニング中のＢＧＭに設定できたり、同じ選手を応援するサポーター同士でメッセージを交換できたりと、トラッキングデータを基に、多くの機能を付加することで、最終的には、健康な運動習慣の構築につなげることを目的としていた。

また、審査員特別賞を獲得した「次の日本代表を探せ！　Next Hero Seeker」では、昭和女子大学の学生が、女子ならではのユニークなアイデアを提案した。女子大学生にもっとＪリーグの選手を知ってもらうきっかけを模索する中で、大学構内で調査を実施した結果、日本代表クラスの選手は認知されていることがわかった。そこで、人気のあるサッカー日本代表経験のある選手をきっかけに、その中から好みの選手を選ぶと、体格やプレースタイルが似ているＪリーグの選手を「未来の日本代表候補」としておすすめしてくれるアプリを提案した。今で言う「推し」を先取りし、さらにエビデンスを加えた素晴らしいアイデアだと、改めて感じる。

イベントデータやトラッキングデータは、活用法によって、チームの戦術的な評価や、選手の強化だけに留まらず、ファンやサポーターにサッカーの魅力を数値として表現すると同時に、一緒に楽しむきっかけを生み出す潜在的な価値を持っていることを私たちは改めて意識する必要があるだろう。

三　日本ラクロス協会のアナライジングサポータ制度

(1) データ活用が勝敗を左右する時代

2018FIFAワールドカップ（W杯）ロシア大会から導入されたリアルタイムデータの活用は、サッカーをはじめとするスポーツのデータ活用を次のステージへと進める契機となった。そもそも「リアルタイム」以前に、スポーツにおいて「データ活用」はなくてはならないものになりつつある。対戦国や自国のチームから個人まで、プレーの特徴を定量的に分析し、勝利に結びつけるインサイトを得る過程は、今では「良い準備」に欠かせない重要なフェーズとなっている。現在、多くの競技の日本代表チームでも、分析スタッフ（アナリスト）を増員して大会に臨んでいる。さらに、世界に目を向けると、二〇一四年のW杯では、ドイツ代表チームが、ＩＴ大手のＳＡＰと連携し、試合のデータや映像をチームで効率的に分析・共有するためのソリューションを導入し、優勝を掴んだ。そのドイツ代表チームの分析部門には「チーム・ケルン」と呼ばれる情報を収集するための大学生中心の集団が組織され、素晴らしい働きをしていたようだ。スポーツ界のテクノロジーは日々進化しているが、まだまだ分析の屋台骨は人間の目と手で支えられているのが実情である。

⑵　制約の中から生まれたアナライジングサポーター制度

二〇一八年の七月にラクロスの世界選手権（正式には第一三回ＦＩＬ男子世界選手権大会）がイスラエルで開催された。結果から言うと、参加四六カ国中六位となり、見事にBlue Division（上位六カ国グループ）への昇格を果たしたのだが、結果以上に興味深いプロセスがあった。日本ラクロス協会は、世界選手権開催前から「アナライジングサポーター制度」という聴き慣れない組織を運用して、上位に進出することが予想される国に対して、予め情報収集、分析を始め、世界選手権開催中には、開催国のイスラエルと日本をつないで分析が進められていたという。アナライジングサポーター制度の実態について、本稿では、もう少し詳しく見ていきたい。

当時、国内のラクロス競技人口は男女合わせて約一・六万人（ちなみにサッカーは約九一万人）であった。当然、現在も国内にラクロスのプロチームはなく、アマチュア選手が日本ラクロス界を支えている。もちろん日本代表チームのヘッドコーチやスタッフもプロ契約ではない。多くの制約がある中で、目標とするメダル獲得に向けて代表チームを強化しなくてはならない中で、日本代表アナライジングサポーター制度について聞いたとき、サッカーで言う「チーム・ケルン」の仕組みと似ているというのが筆者の第一印象だった。日本ラクロス協会は「Team Japan」と称して、その仕組みを独自に体現しようとしていた。具体的には、SPLYZA Temasというビデオ分析ツールを活用し、試合のデータや映像をチームで効率的に分析・共有するソリューションを代表チームに導入していた。これもサッカーで言うＳＡＰとドイツ代表チームの取り組みを想起させる組み合わせである。ビデオ分析ツールを提供するＳＰＬＹＺＡは浜松市（静岡県）に拠点をおく、アマチュアスポーツマンの「もっと上手くなりたい」を叶えることをポリシーに掲げるスポーツベンチャー企業である。国内で開発・運用されるツールを選択したのも、協会からのリクエストに臨機応変に対応することができることを想定した上での合理的な選択だと言える。

(3) テクノロジーを効果的に使うためのスマートな仕組みづくり

具体的に「日本代表アナライジングサポーター」とは誰なのか、という話に触れておきたい。「サポーター」という言葉が意味する通り、日本代表チームを応援する有志が主体となって構成された組織だった。具体的には、北海道から九州まで全国二七チームから約一〇〇名の有志で構成されていた。そこに二七名の代表選手を加え、八グループに編成され、データ収集から分析の作業を分担しながら進める仕組みである。

注目すべきは、代表選手も分析を目的とするグループに参加しているという点である。アナライジングとは言っても、地味な作業がその多くを占める。まずは、あらゆるプレーにタグ（いつ、誰が、どこで、何をして、どうなったというデータ）を付け、コーディングすることから始まる。ツールを活用し効率化されているとはいえ、その作業に対する謝礼などは特にない。そこで、グループに属する日本代表選手の存在が重要な意味を持つわけである。日本代表選手は、頻繁にサポーターに対し作業への労いの言葉を贈り、時には分析に対する専門的な解説や議論をサポーターと重ねるわけである。一方で、サポーターはそこで得た知識やノウハウを吸収しながら、知的に成長するという仕組みである。この組織では、便宜的にサポーターと呼んでいる彼らは、一旦、自分たちのチームに戻れば、ラクロスという競技に勤しむ選手である。日本代表チームの戦術や日本代表選手の思考を共有することができるわけなので、逆にお金を払ってでもそうしたいという気持ちになるだろう。他方で、一連の作業をサポーターと共にする日本代表選手には、ピッチで発揮すると同様にオフザピッチでもリーダーシップが求められている。つまり、このアナライジングサポーター制度の中で主体的に活動することで、人間性の成長も促されるという仕掛けである。そして、世界選手権のピッチでは、これまで以上に自身のプレーに責任を持ち、チームとして結果にこだわったプレーが期待される。その上で、ヘッドコーチはアナライジングサポーターから収集されたデータを基にゲームプランを組み立て、効果的な戦術を練るわけである。とてもリーズナブルでスマートな仕組みだと言えるだろう。日本ラクロス協会にとっては限られた予算の中で経費削減が実現され、選手たちは分析スキルに加え多くの応援を得られ、サポーターにも代表レベルの戦術的な知識と代表選手との交流の機会を得られる、「三方よし」と言える素晴らしい取り組みである。

さらには、このアナライジングサポーターの中から、次世代の日本代表選手が誕生する好循環が期待できる。この制度の可能性をラクロスという競技のみではなく、日本の多くのスポーツで議論する機会があることを期待する。

おわりに

本稿では、スポーツ界のデータ活用について整理すると同時に、今後のデータ活用を促進するための手がかりを探ってきた。テクノロジーの発展とともに、スポーツ界でも多くのデータを収集することが可能となってきた。一方で、データを情報に昇華し、広く活用するためには、目的に応じた状態で活用を促す仕組みが必要不可欠である。近年、国内でも日本スポーツアナリスト協会や、日本統計学会スポーツ統計分科会などの組織が主体となりデータ活用に関する知見が広く共有されている。海外の先進的なデータ活用を学ぶと同時に、国内のスポーツ界におけるデータ活用の普及と推進に力を注ぐことは、スポーツの競技力だけではなく、スポーツ産業の発展にも重要なことである。単にデータを収集し分析するだけではなく、目的に応じて、または、課題解決のためにデータの活用までを担える人材の育成が急務である。スポーツデータを使ったデータサイエンス教育、これまでの部活動や体育といった身体運動に重点が置かれていた活動に、知的な刺激を取り入れることは、私たちのようなアカデミックな立場からできることだと認識している。そして、スポーツは人が中心で、人がプレーすることが最重要である。常にその先にある人のことを考えて、データを活用できる人材を一人でも多くスポーツ界からも輩出できるよう多くの方と共創したい。

参考文献

綾部誠也、石崎聡之、坂上賢一（二〇二〇）「Global Positioning System に基づくフットボールのトラッキング」『フットボールの科学』Vol.15, No.1, pp.13–21.

加藤健太（二〇一九）「スポーツデータの概要とＡＩ活用の可能性」『人工知能』第三四巻第四号、五三九－五四四頁。

Electronic Performance & Tracking Systems　https://www.fifa.com/technical/football-technology/standards/epts/epts-1　二〇二〇年一〇月一五日アクセス。

J.LEAGUE PUB Report 2015　https://jlib.j-league.or.jp/-site_media/media/content/4/1/html5.html　二〇二〇年一〇月一五日アクセス。

スポーツ指導における心理学の活用

阪田俊輔

はじめに

令和二年度から三年度にかけて、スポーツに関連するトピックは非常に多くありました。新型コロナウイルス感染拡大に伴うスポーツ活動の中断や制限をはじめ、東京オリンピック・パラリンピックの開催、国内外のプロアスリートの活躍など、その内容に良し悪しはあれど、スポーツ科学を専門とするいち大学教員として非常に興味深い期間となりました。そして、スポーツに従事するジュニアからプロまでのたくさんのアスリート、そのアスリートに関わる指導者や保護者の方など、多くの方にスポーツ心理学という学問に興味を持っていただいた期間でもありました。

スポーツ心理学を研究する先達が残した数多くの知見は、多くのスポーツ心理学に興味を持った方に対し、有用な知見を示すことができるものですが、難解な図表や数字の羅列、専門用語の連続から、専門書を読むことが困難なことがございます。また、心理学の研究の特性上、共通の属性を持つ人のみを対象とすることが多く、自分が知りたい情報に近いのに、調べられた対象が違うために、本に書かれた内容そのままを実行していいのかという疑問を持たれることもございます。つまり、スポーツ心理学の専門書に書かれた内容を自分の競技活動や指導に活用したいと考えた際、書かれている内容を読み取る、読み取った内容を実際に実行するという、二つの困難があるといえます。

我々スポーツ心理学者は、直接お話しする機会に恵まれた場合には、この二つの困難をお相手の方に感じられないように様々な言葉を駆使するのですが、残念ながらスポーツ心理学に興味を持っていただいた全ての方にお会いすることはかなわず、ご対面している方にも、全てを伝えきれたと満足できることはなかなかございません。

前置きが長くなりましたが、今回の公開講座にご参加いただいた方は、昨今のスポーツに関連する状況から新たにスポーツ心理学にご興味を持たれた方や、スポーツ指導に従事されている方、スポーツ心理学をすでに学んでおられる方等がいらっしゃると存じます。今回は、特に前二つの方を対象に「スポーツ心理学は、そんなに難しく考えなくてもいいですよ」ということを、できるだけ理論的にかつ分かりやすくお話しできるようにしたいと思います。

一　公開講座の構成

第一に、スポーツに限定しない心理学という学問の全体について説明いたします。第二に、スポーツ心理学という学問について説明いたします。最後に、スポーツ心理学を実際の指導に活用したいという場合に、どのようにすればいいのかということについて総括いたします。

二　心理学とはどのような学問か

(1)　心理学の語源

心理学という文言は、心理／学と分割されますが、あえて心／理学と分割して説明します。理学とは、「仕組みを知るために行う学問」であり、物理学や生理学なども、基本的に同じ目的を持つ学問です。余談ですが、もう一つの種類として工学（何かを新しく作りだす学問）があります。つまり、心理学は、「心の仕組みを知るために行う学問」です。ただ、他の理学と異なり、目に見えない「心」を対象とするために分かりづらさあり、専門書を読み解く困難さを助長させていると思われます。

(2) 心の働き

現代心理学において重要となる文言として「行動主義」と「認知主義」があります。「行動主義」とは環境からの刺激、過去の経験により行動が起こるという、人の行動を機械的に解釈する考え方で、「認知主義」とは自由意志や感情により行動が起こるという、人の行動を有機的に解釈する考え方です。心の働きは、これら二つの考え方から説明することができます。極端に言えば、無意識的な働きと、意識的な働きです。

(3) 無意識的な心の働き

日本国内において、コンビニエンスストアと美容室はどちらの店舗数が多いでしょうか。この問題を提示した際、多くの人はコンビニエンスストアと回答します。しかし、実際はコンビニエンスストアが五万五千店、美容室が二五万店です（政府統計、二〇一七）。コンビニエンスストアのほうが多いと考えてしまったのは、利用可能性ヒューリスティックという無意識的な心の働きによるものと説明できます。ヒューリスティックとは直感的推論とも呼ばれ、論理的な考えではなく経験や先入観から物事を判断してしまう心の働きの一つです。このヒューリスティックは日常に多く存在する、無意識的な心の働き結果であるといえます。

(4) 意識的な心の働き

初対面の人と話をするときに、あなたはどのような話題から話し始めますか。この問題を提示した際、無意識的な心の働きとは異なり、多種の回答が得られます。例えば、自己紹介で考えてみても、出身地を紹介したり、趣味を紹介したり、最近の気になるニュースを紹介したりと様々な情報があります。どの情報を伝えるのかを決める際に、多くの人は「相手に通じる話題」「相手を困らせない話題」「その後の会話につながる話題」等を考えて決定しているといえます。このようなコミュニケーションの情報選択は、意識的な心の働きの結果であるといえます。

(5) 心理学はどのような学問か

心理学は、上記のような無意識的・意識的な心の働きを調べ、多くの人が納得できる説明をする学問です。通常、心は眼に見えませんが、その心の働きによる行動は観察することが可能です。また、人の思考や意思決定についても、アンケート等の方法を用いれば集計することが可能です。無意識的・意識的な心の働きを、観察・集計することで、心の仕組みを理解しようと試み、理解できたのであれば、「理論」として多くの人が納得できる文章を作成します。

まとめますと、心理学とは「観察可能な次元から、その奥にある心を推定し、説明する学問」といえます。

三　心理学の限界

(1)　心理学の理論とは

心理学により明らかにされるものには、そのすべてに「理論」と名前が付きます。理論とは、辞書的な意味では「個々の現象を法則的、統一的に説明できるように筋道を立てて組み立てられた知識の体系」（デジタル大辞泉、二〇二一年一〇月アクセス）と説明されます。つまり心理学の理論とは、多くの人の観察・集計可能な情報を集積し、そこからほとんどの人にそれなりに当てはまるであろう説明だといえます。この、「ほとんど」と「それなり」というあいまいな表現について、違和感を持たれるかもしれませんが、このあいまいなことが心理学の面白さであり、難解さであり、応用のしやすさにつながるものだといえます。また余談になりますが、すべての人に確実に当てはまるであろう説明は、「法則」や「定理」と名前が付きます。心理学に法則は、今のところありません。

(2)　心理学の研究方法

新たな理論を探索することを研究といいますが、心理学の研究方法は、情報の収集方法によ

表1　量的研究による分析結果の一例
ストレスとソーシャルサポートの下位尺度の平均値

	男　子	女　子	
実存的ストレス	14.1（6.44）	16.1（6.29）	＊＊
対人ストレス	11.2（7.27）	12.6（7.17）	＊
大学・学業ストレス	15.3（6.46）	14.4（5.51）	
物理・身体的ストレス	10.6（5.94）	11.7（6.00）	
家族サポート	31.3（9.14）	39.8（9.40）	＊＊
同性友人サポート	41.5（9.08）	46.6（7.68）	＊＊
異性友人サポート	29.2（13.02）	32.0（11.94）	＊

（注）・カッコ内の数値は標準偏差
・右端の欄は男女差
平均得点の差についての t 検定を行った。
＊＊は $p < .01$　＊は $p < .05$ を表す。
（出所）嶋（1992）より引用。
（注）首都圏の大学生・男性 220 名、女性 204 名を対象

り大きく二つに大別されます。一つは量的（定量的）研究、もう一つは質的（定性的）研究です。

量的研究は、質問紙（アンケート）を用いて数字情報を収集し、統計的手法を用いて、ほとんどの人にそれなりに当てはまる理論を明らかにしようとする方法です。量的研究の特徴として、一時的な状況ではなく、経時的な傾向や反復・再現される現象、短期的には変化しない状況を分析しています。また質問紙は、大学生、成人等といった共通した属性を持つ多数の人に配布されます。

大学生のストレスについて量的研究を行った研究（嶋、一九九二）を例として説明します（表1）。この表からは、実在的ストレス（自己の存在や役割が明確にならず、ストレスを感じること）

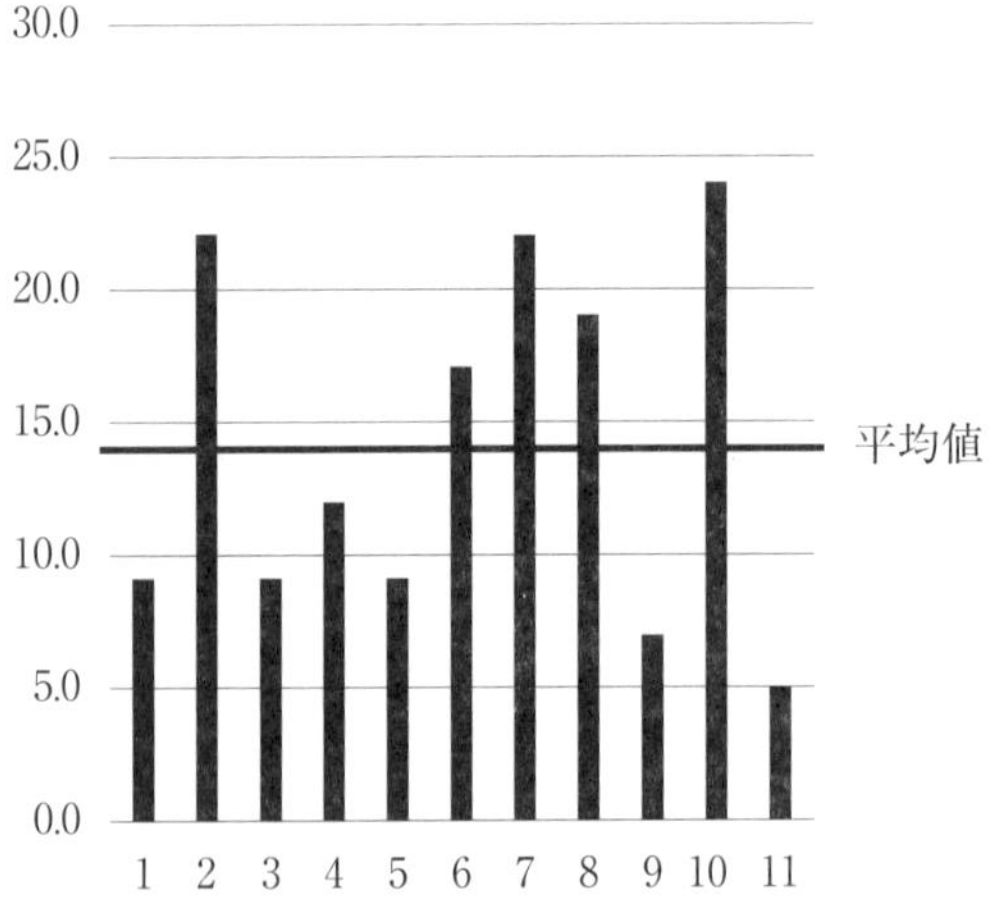

図１　平均値 14.1、標準偏差 6.44 のグラフ（適当な数値で作成）

について、男性が一四・一（六・四四）女性が一六・一（六・二九）と、女性の方が高いストレスを感じているという結果が読み取れます。なお、この点数は、質問紙で「自分は、〇〇〇〇の時、いやだと感じる」というような複数の質問項目に対し、1．まったく当てはまらない〜5．大いに当てはまるという、1から5までの数字で回答してもらい、その数字の合計点数を平均化したものになります。

　男性においては、実在的ストレスの平均点は一四・一点であり、その後に標準偏差というデータの散らばりを示す数字が括弧書きされています。このデータの散らばりこそが、個人差を示すものであり、心理学の理論の特徴といえます。平均値が一四・四点となり、標準偏差が六・四四になるグラフを、実際のデータを基にしたグラフではないですが、図1に記載します。平均値が一四・一点の場合、個々の合計点数が二二・〇点から、五・〇点に散らばっていることがわかります。つまり、この量的研究において最終的に示される理論は、「女性の方が、男性よりも実在的ストレスを多く感じる可能性がある」ですが、実際は女性の平均点よりも高いストレスを感じている男性も存在する可能性が、低いながらもあるわけです。

量的研究によって導き出される理論の特徴をまとめると、誰にでも当てはまる確率が高い（一般化しやすい）ことはメリットですが、平均値を用いて推計するため、考察の段階で個人差に関する説明が省略されてしまうことがあり、実際に指導に当たる際、目の前にいる人と、このデータが完全に合致しているかはわからないことがデメリットとしてあります。

もう一方の、質的研究について説明します。質的研究は単一の人、もしくはごく少数の人から、インタビューや記録といった文字情報を用いて、特徴的な事象を理論としてまとめていく方法です。この方法で導き出される理論は、ごく少数の属性を持つ人に当てはまる内容であるという特徴を持ちます。

パラリンピック水泳に出場したことのあるアスリートに対し、インタビューを行った研究（八尋ほか、二〇二〇）を例として説明します。表2には、インタビューの内容から、初出場の大会に関する情報を抜き出したものになります。この表から、「パラ水泳選手の多くは、高校卒業までに全国レベルの大会に出場していた」ことがわかり、そこから「世界を目指す選手の育成のためには、指導者は高校までにできるだけ大会出場経験を確保する必要がある」という理論を導き出すことができます。

表2　質的研究による結果の一例

名前	初ジャパラ	初海外遠征	大会名
	小6	小6	フェスピックユース
	中1	中2	アジアパラ
	高3	大1	フェスピック
	高2	高3	世界選手権
	高3	高3	フェスピック
	23歳	23歳	プレパラ大会
	高1	高1	フェスピックユース
	高1	高2	パラリンピック
	中3	高1	フェスピックユース
	中3	中3	IBSAユース

（出所）（八尋ほか、2020）より引用
名前の欄は、実名が記載されているため削除

　先述の通り、質的研究は特徴的な属性を持つ人を対象とすることが多く、この研究の結果も、障がい者アスリートという特徴的なキャリアを持つ人を対象としており、健常者アスリートに、そのまま適用できるかは一考する必要があります。

　質的調査によって導き出される理論の特徴をまとめると、特徴的な属性を持つごく一部の人に当てはまる可能性が高く、同様の属性を持つ場合には、大いに活用できる知見といえます。ただし、一般化することは難しく、例えば、パラアスリートではなく、全国レベルの選手というくくりでは、すべての人に当てはまる

とは言えません。

(3) 心理学の理論の活用方法について

心理学の研究方法について、多大な文字を用いて説明してきましたが、目が滑ってしまう方もたくさんいると思います。この難解な研究方法が、心理学を難解なものにしている大きな原因なのですが、極論を言いますと、指導現場への活用を考えた際に、研究方法の詳細を知る必要はありません。大切なのは、「数字データを用いた研究は多くの人に当てはまるが、完全に一致することは少ない」、「文字データを用いた研究は、ごく少数の人に当てはまる」ということです。これらを言い換えれば、「少しでも属性が共通していれば、理論の一部は当てはまる可能性が高い」したがって、心理学の理論を指導に活用する際にまず行うべきは、「指導したい対象の属性を評価すること」、「少しでも当てはまれば、理論を活用してみること」、そして「理論の都合のいいところだけを使う」ことになります。

四　スポーツ心理学の考え方

(1) スポーツと心の関係

スポーツと心の関係は、スポーツから心という方向性と、心からスポーツという方向性の二つがあります。例えば競技としてスポーツを行う場合、スポーツを継続してパフォーマンスが向上し、自信が向上するというプロセスがあり、一方で緊張にうまく対処する能力を身につけることで、パフォーマンスが向上するというプロセスがあります。健康のためにスポーツを行う場合、ウォーキングを実施すると気分がよくなるというプロセスや、運動に対する苦手意識を軽減することで、スポーツ実施につながるというようなプロセスがあります。つまり、スポーツと心は双方向もしくは循環的な関係性を持っているとまとめることができます。

(2) 競技スポーツにおけるスポーツと心の関係

この項では、競技としてスポーツに従事する人に指導する際に、心理学の理論を用いる事例を紹介していきます。

スポーツ心理学者としてアスリートの方とお話しする際、最も多く相談されるのは、「試合で緊張して、思い通りに動けない」というものです。

この「試合で緊張して、思い通りに動けない」という状況を、心理学的ストレスモデル（Lazarus & Folkman, 1984）を活用して説明いたします。このモデルは、人がストレス源となる事物に遭遇してから、健康状態に影響するまでを説明できる便利な理論です（図2—1）。これを、先述の通り、都合のいいところだけを用いると図2のようになります（図2—2）。

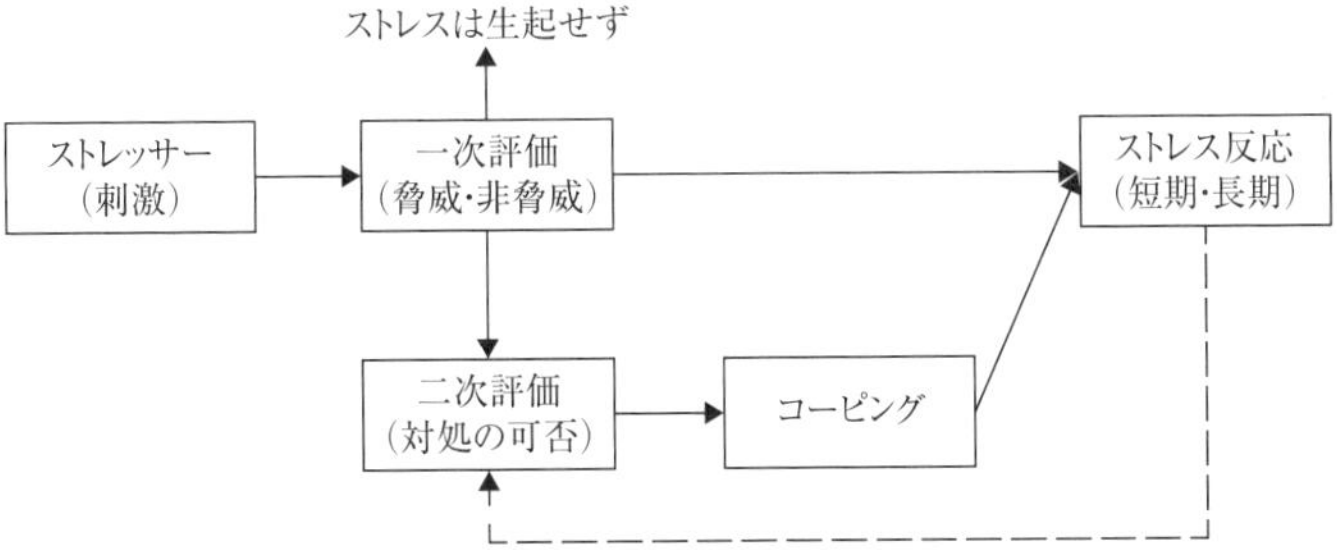

図2－1　心理学的ストレスモデル（Lazarus & Folkman, 1984）

多くのアスリートが緊張するのは、何か失敗してしまった時や、もしくは失敗するかもしれないと考えてしまった時です。つまり「失敗」がストレス源となり、その「失敗」について、「やばい」という脅威的な評価を無意識的に行い、緊張・不安というネガティブな情動反応や、体のこわばりといった身体的反応が起こり、思い通りに動けないという状況に陥ります。ここから、何か変えられそうなところはどこなのかを考えてみましょう。「失敗」しないということは無理ですから、ストレス源については手を出しません。次に、「やばい」という評価についてです。これは、試合の状況によれば、「次に挽回すれば大丈夫」という評価に替えられそうです。最後に、緊張・不安や体のこわばりについて、これも試合の状況によっては、深呼吸やストレッチなどのリラクセーションを実施することで解消されそうです（図2―3）。

つまり、「試合で緊張して、思い通りに動けない」ことについて解決を考える場合、「失敗」に対する考え方を変えるか、

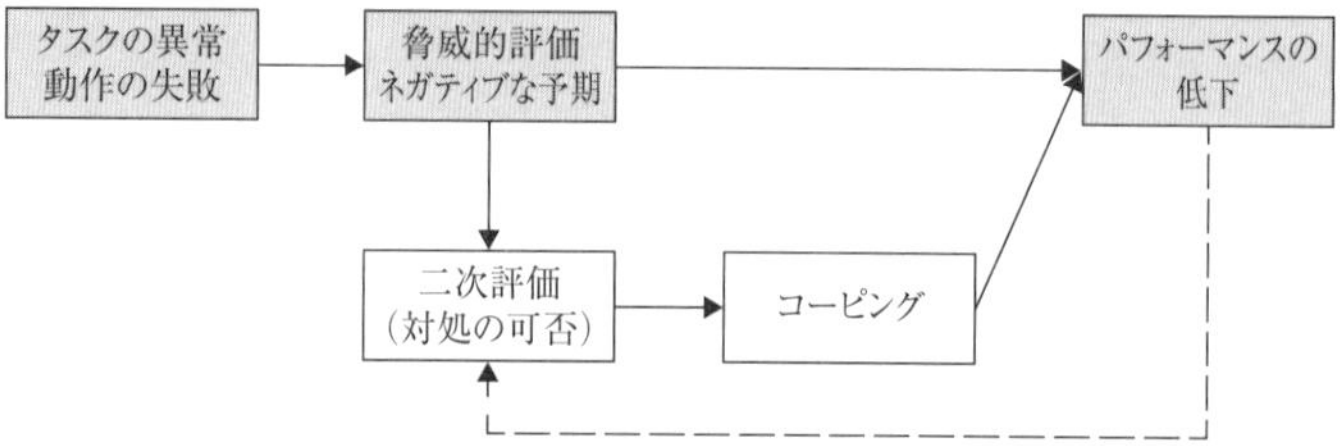

図2－2　「悩み」を心理学的ストレスモデルに当てはめた場合

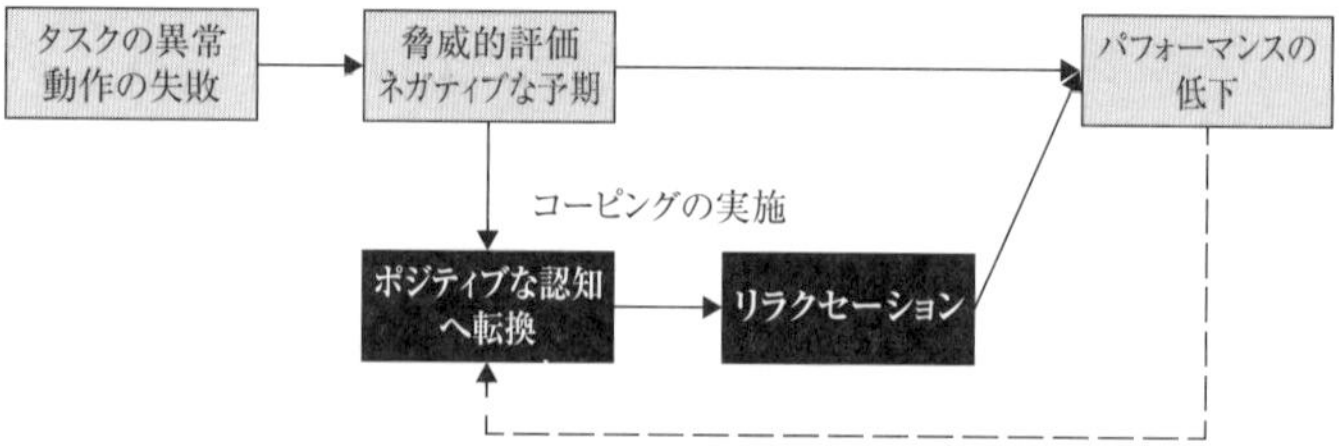

図2－3　「悩み」の解決方法

「緊張・不安、体のこわばり」を解消するかの二つになります。ここまでの分析は、多少は専門的な内容ではありますが、図2―1に示すようなモデルさえ覚えていれば、悩みを持っているアスリートの話を聞くことで、分析可能な内容です。また、心理学的ストレスモデルは、主に社会人を対象に分析されてきたモデルですが、悩みを持っているアスリートが、ジュニアでも、部活動生でも、同じように適応してみれば、現状を深く分析できるようになります。

もう一つ、競技スポーツで相談されることが多い事例を紹介します。特にジュニアアスリートに多いのですが、

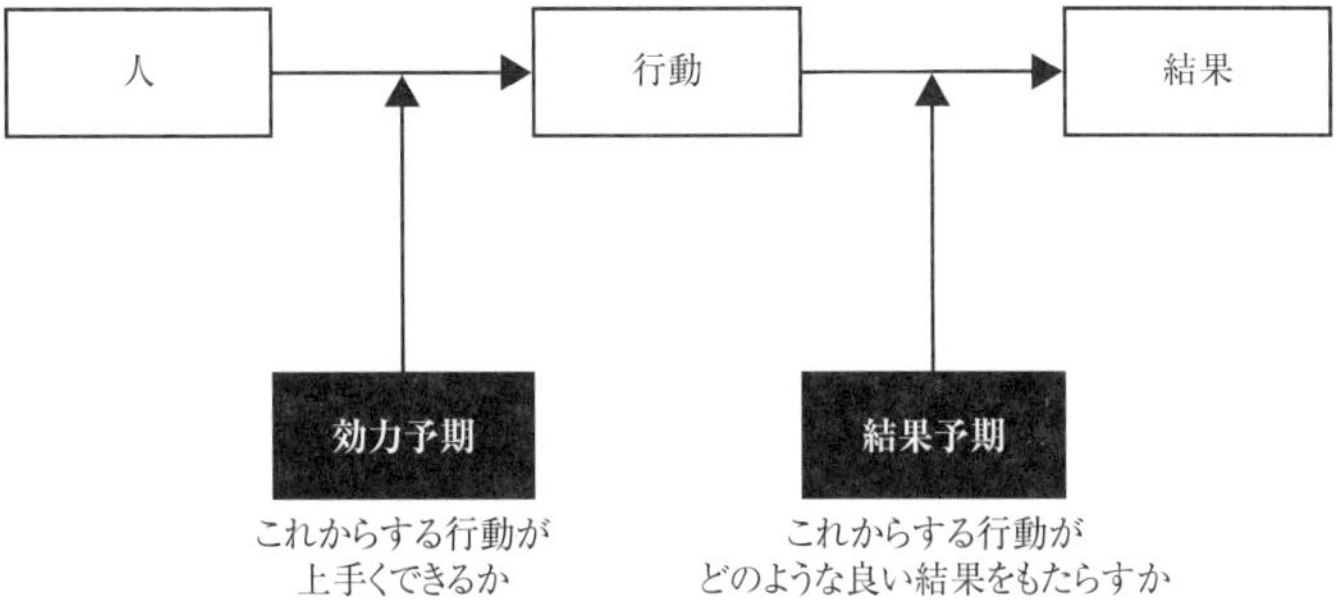

図３　自己効力感理論（Bandura & Adams,1977）

「自信がなく、自発的に行動できない」ということを相談されます。「自信」は、自己効力感理論（Bandura & Adams, 1977）を用いて説明できます。自己効力感とは、「これから行うことについて、上手くできるかどうかの見込み」のことであり、さらに詳細を説明すると図3のようになります。

　個人が行動しその結果が生まれるまでのプロセスにおいて、自信とは行動する前の「効力予期」と、行動の結果に対する期待である「結果予期」という二つの種類があります。つまり自発的に行動できないということは、効力予期が低く、かつ結果について具体的なイメージを持っていないと説明することができます。自発的な行動を促したい場合、特に結果予期を高めることで、自発的な行動につなげることができます。そして、一度行動を実施することができれば、その行動についてポジティブなフィードバックを行うことで、効力予期を高め、「自信がない」状況の解決を図ることができます。この分析についても、自己効力感のモデルの形さえ覚えていれば、心理学的ストレスモデルと同様に、悩みを持っているアスリートの話を聞くことで分析できる内容といえます。

(3) 健康スポーツにおけるスポーツと心の関係

健康に対し、何らかの不安を感じて、運動をした方がいいと考える方は多くいますが、実際に運動を始められる方はそれほど多くありません。この「運動したほうがいいと思うけど、運動のやる気が起きない」という悩みについても先ほどと同様の自己効力感理論を活用できます。つまり、運動をした結果、健康にどのような良い効果が得られるのかが具体的に想像できていないため、運動しようという意図が生まれず、運動実施に至らないと考えられるわけです。ここまで分析ができると、「どれくらいの運動をすれば、健康に効果があるのか」を深く考えることが、運動実施につながると理解できると思います。より具体的には、一日にできる範囲の運動、例えば三〇分程度のウォーキングを実施したら、すぐに成果は得られないが、一か月継続することで、脚力の向上や、一キログラム程度の体重の減少が望めるということを指導することで、「とりあえずやってみよう」という気分にさせることが可能です。

次に、「ストレスが溜まってしまい、気分がすぐれない」という悩みについて、スポーツがどう貢献できるかを説明します。まず、前述の心理学的ストレスモデルを活用した場合です。

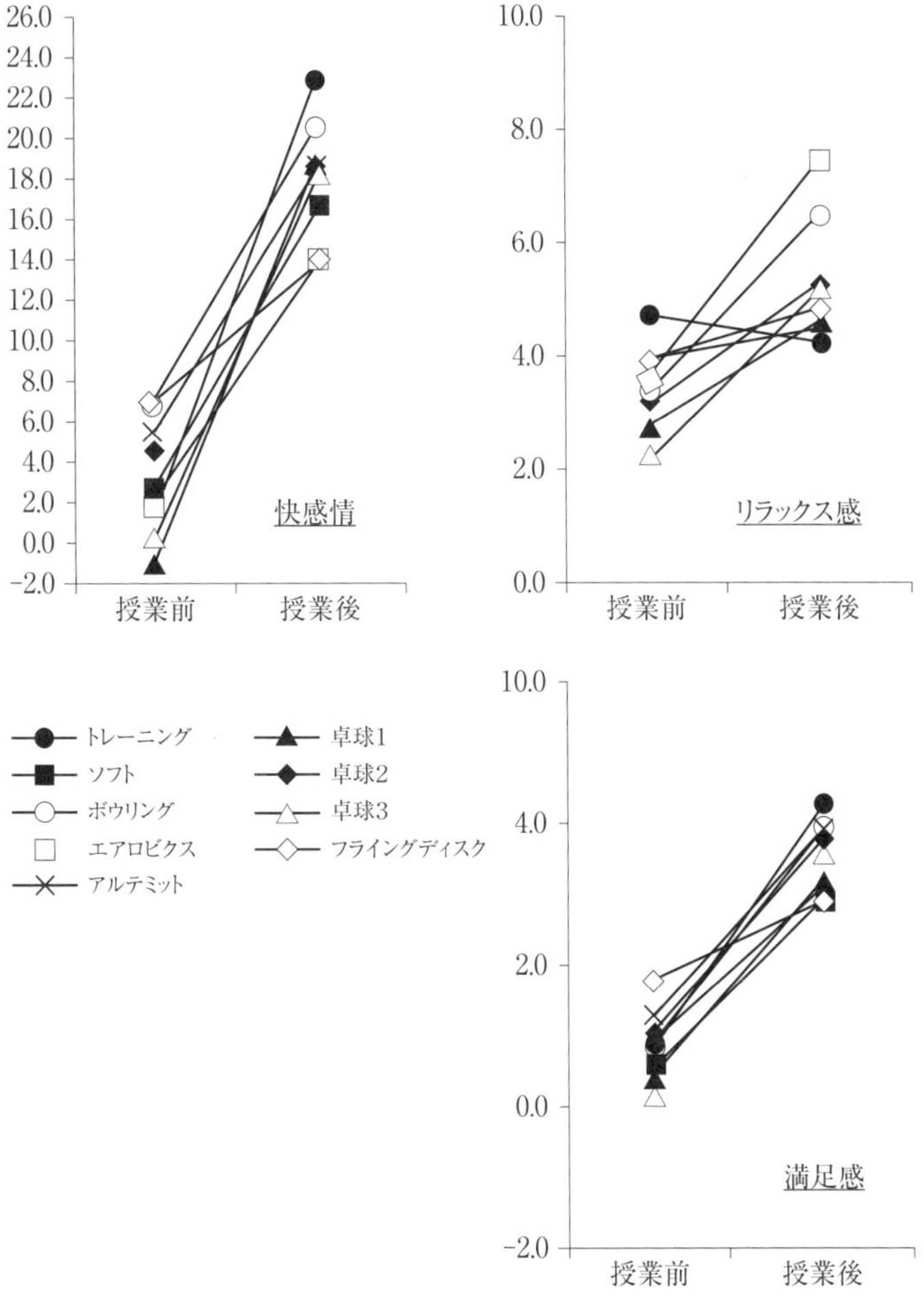

図4　大学生週１回の体育が感情に与える影響

（出所）（橋本ほか、2012）

競技とは異なり、日常でのストレスというのはストレス源は単一ではなく、日常生活の様々な出来事の蓄積によって、慢性的なストレスとなっていることが多いです。したがって、ストレス源に対して、何らかの対処を行うことは難しいでしょう。同様に、ストレス源についての評価も、全て前向きに変えることは難しいと思われます。したがって、ストレスの解決のためには、すでに感じてしまっている悪い気分を、少しでも改善することがもっとも実践しやすい方法となります。この気分の改善は、スポーツを実践することですぐに獲得できます。図4に示すのは、大学生が週一回のスポーツ実技授業で、どれくらい気分が改善されるかを調べたものになります（橋本ほか、二〇一二）。

大学の授業はそのほとんどが九〇分間で、そのうち三〇分程度は出席確認や授業内容の説明、連絡に使われますので、実際の運動時間は六〇分程度と考えられます。つまり、どのような種目であれ、六〇分程度の運動をすることは、気分を改善させることができると説明できます。そもそも、運動を実施することは、体温の上昇であったり、モノアミンという気分変化に関わる神経伝達物質が増加したりという、生理学的な変化が起こることがわかっています。

ここまでをまとめると、「ストレスが溜まってしまい、気分がすぐれない」という悩みを解決したい場合、悪い気分という内容のみに一旦着目し、六〇分程度の運動を実施することで気分改善を図ることが一応の解決になります。あとは、当人がすぐに実践できるような運動を見つけ、実施につながるために、その運動を実施することによって得られる成果を想像することが必要になるといえます。

五　心理学をスポーツ指導に活用させるためには

最後のまとめとして、ここまで説明した来たことをまとめつつ、本紙の主題である「心理学をスポーツ指導に活用させる方法」について簡潔にお伝えしていきたいと思います。まず、心理学の研究方法として、量的研究と質的研究があり、これらの研究方法により導き出される最も妥当性の高い説明を理論といいます。理論が導き出される過程を全て調べると、指導したい相手との属性の違いや、研究結果と指導したい相手の反応が異なることがありますが、これは心理学の限界であり、仕方のないことであるといえます。つまり、心理学の理論を指導に活用したい場合、理論の全てではなく、自身がすぐに使えそうな一部の内容を、現状に当てはめてみることがコツになります。

　本紙では、心理学的ストレスモデル、自己効力感理論を活用して、競技スポーツや健康スポーツにおける悩みの解決方法を紹介いたしました。もちろん、もっと異なる理論を用いても、説明することができます。大切なのは、指導したい相手の状況や考えをできるだけ詳細に読み取り、自身が使える理論に当てはめてみるという作業です。つまり、心理学の理論というは、指導における一つの道具であり、指導すべてに当てはめる必要はなく、使いたいとき、使えそうなとき使うという考えを持つことが、結果として「心理学をスポーツ指導に活用する」ことになっているのだと思います。今後、心理学関係の図書を目にした場合には、ぜひ、お気軽に使えそうなところを読みとって、指導の道具の一つとしていただきたいと思います。

参考文献

Lazarus, Richard S., and Susan Folkman.(1984). Stress, appraisal, and coping. Springer publishing company.

Bandura, Albert, and Nancy E. Adams.(1977). Analysis of self-efficacy theory of behavioral change. Cognitive therapy and research 1(4)pp 287–310.

八尋大、児玉ゆう子、平田竹男（二〇二〇）「障がい者が水泳と出会い、トップパラスイマーに至るまでの軌跡」『スポーツ産業学研究』三〇（四）、三四七–三五六頁。

嶋信宏（一九九二）「大学生におけるソーシャルサポートの日常生活ストレスに対する効果」『社会心理学研究』七（一）、四五–五三頁。

橋本公雄、根上優、飯干明（二〇一二）『未来を拓く大学体育――授業研究の理論と方法』福村出版。

スポーツ基本計画の策定から一〇年
―スポーツは今―

今里　譲

一　スポーツ基本計画の策定―スポーツ推進の基本理念

(1)　スポーツ基本計画とは

スポーツ基本計画は、スポーツ基本法[1]により、スポーツに関する施策の総合的かつ計画的な推進を図るため、文部科学大臣が定めることとされているものであり、同法に示された理念の実現に向け、二〇一二年度から一〇年間を見通したスポーツ推進の基本方針と五年間に総合的かつ計画的に取り組むべき施策が示されたもの（第一期）[2]である。また、これに続く二〇一七年度から二〇二一年度までの五年の計画として第二期基本計画[3]が策定された。このスポーツ基本計画はスポーツ立国の実現を目指す指針と具体的施策を国が定めたものではあるが、スポーツの主役は国民であり、また、国民に直接スポーツの機会を提供するスポーツ団体等であるという考えに立ち、国、地方公共団体の支援策やスポーツ団体等が取り組むべき事柄からなるものである。

(2) スポーツ基本計画策定の経緯

本章ではスポーツ推進の基本理念と第一期計画の構成について述べるが、まずは、スポーツ基本計画の策定に至る経緯について見てみたい。スポーツ基本法は二〇一一年に制定されたものであるが、それまで、スポーツに関する法律としてはスポーツ振興法が存在していた。スポーツ振興法は、一九六一年に制定されたものであり、前の東京オリンピック大会を目前にして、スポーツ振興について国として取り組む姿勢を示すとともに、その根拠となる役割を担っていた。新たに制定されたスポーツ基本法は、その後の五〇年の間に変化したスポーツを巡る状況に対応したもので、スポーツの価値、意義、役割等を示す基本理念に則って、スポーツ推進の基本を示すものとなった。また、国や地方公共団体に加えて、スポーツ団体等の役割について規定し、スポーツ振興法では言及されていなかったプロスポーツや障害者スポーツについての規定が盛り込まれた。そして、この基本法に基づき、二〇一二年三月、第一期のスポーツ基本計画が策定された。

また、時系列的には第一期計画の策定後の出来事となるが、二〇一四年には障害者スポーツの所管官庁が厚生労働省から文部科学省へと変わった。リハビリ活動の延長として捉えられがちであった障害者スポーツが、スポーツの側から光を当てるようにとの変化のあらわれである。また、二〇一五年にはスポーツ庁が創立され、スポーツ行政の一体的な推進の体制が整ってきた。文部科学省の行うスポーツ振興のほか、厚生労働省の健康増進、国土交通省などの公園整備、経済産業省の産業振興、外務省の国際交流など、従前は様々な省庁が行っていたスポーツに関する施策を総合的に推進するための行政組織のあり方については、すでにスポーツ基本法の附則第二条において、これを検討し、必要な措置を講ずる旨が規定されていたが、法律制定の四年後にスポーツ庁の設置を見たわけである。

(3) 第一期スポーツ基本計画の構成

さて、すでに述べたように、スポーツ基本計画はスポーツ基本法に示された理念の実現に向けて策定されたのであるが、そのスポーツに関する基本理念は、基本法第二条に、八項目にわたって示されている（表1）。法律ではこれらは並列して示されているものであるが、内容を見ると①はスポーツ権とその行使とでもいうべき内容になっているのに対し、②から⑦まではスポーツの価値や期待される役割を明言しつつまた背景としながらの内容であり、⑧でまた全体としての必要事項を示す形が見て取れる。

このことは、この基本理念にのっとり策定された第一期スポーツ基本計画の最初の部分で示されている、「スポーツを通じてすべての人々が幸福で豊かな生活を営むことができる社会」として目指すべき社会の具体的な姿と比較することでより明らかになる。なお、基本理念の障害者のスポーツに関する項目（⑤）は、目指すべき社会の姿の各項目に横断的に関連していると考えられる。

次に、第一期計画においては、「今後一〇年間を見通したスポーツ推進の基本方針」が示されている（表2）が、ここでの項目だてについてみると、目指すべき社会の姿で挙げられた姿と対応した形というよりは、以下に続く「今後五年間に総合的かつ計画的に取り組むべき施策」と一致したものとなっている。もちろん、それまで述べられてきた基本法の基本理念、目指すべき社会の姿で示された考えや要素が捨象されているということではないが、第一期計画の「基本方針」は「目指すべき社会の姿」による整理ではなく「取り組むべき施策」による整理となっていることを指摘しておきたい。

なお、既に第一期計画は旧計画となっていることもあり、紙幅の関係で具体的な施策についてはここでは言及せず、第二期計画の概要の説明に譲ることとする。

表1「スポーツの基本理念」と「目指すべき社会の姿」

スポーツ基本法 「スポーツの基本理念」	第1期スポーツ基本計画 「目指すべき社会の具体的な姿」
① スポーツを通じて幸福で豊かな生活を営むことが人々の権利であることに鑑み、国民が生涯にわたりあらゆる機会と場所において、自主的・自律的に適性や健康状態に応じてスポーツを行うことができるようにする	
② 青少年のスポーツが国民の生涯にわたる健全な心と身体を培い、豊かな人間性を育む基礎となるものであるとの認識の下に、学校、スポーツ団体、家庭及び地域における活動を相互に連携	① 青少年が健全に育ち、他者との協同や公正さと規律を重んじる社会
③ 地域において、主体的に協働することによりスポーツを身近に親しむことができるようにするとともに、スポーツを通じて、地域の全ての世代の人々の交流を促進し、交流の基盤を形成	③ 地域の人々の主体的な協働により、深い絆で結ばれた一体感や活力がある地域社会
④ スポーツを行う者の心身の健康の保持増進、安全の確保	② 健康で活力に満ちた長寿社会
⑤ 障害者が自主的かつ積極的にスポーツを行うことができるよう、障害の種類及び程度に応じ必要な配慮をしつつ推進	
⑥ 我が国のスポーツ選手（プロスポーツの選手を含む。）が国際競技大会等において優秀な成績を収めることができるよう、スポーツに関する競技水準の向上に資する諸施策相互の有機的な連携を図りつつ、効果的に推進	④ 国民が自国に誇りを持ち、経済的に発展し、活力ある社会
⑦ スポーツに係る国際的な交流及び貢献を推進することにより、国際相互理解の増進及び国際平和に寄与	⑤ 平和と友好に貢献し、国際的に信頼され、尊敬される国
⑧ スポーツを行う者に対する不当な差別的取扱いの禁止、スポーツに関するあらゆる活動を公正かつ適切に実施することを旨として、スポーツに対する国民の幅広い理解及び支援が得られるよう推進	

スポーツ庁スポーツ基本法リーフレットにより作成
https://www.mext.go.jp/sports/content/1310250_01.pdf

表2　第1期計画の「基本方針」と「取り組むべき施策」

第1期計画 今後10年間を見通したスポーツ推進の基本方針	第1期計画 今後5年間に総合的かつ計画的に取り組むべき施策
① 青少年の体力を向上させるとともに、他者を尊重しこれと協同する精神、公正さと規律を尊ぶ態度や克己心を培い、実践的な思考力や判断力を育むなど人格の形成に積極的な影響を及ぼし、次代を担う人材を育成するため、子どものスポーツ機会を充実する。	1．学校と地域における子どものスポーツ機会の充実
② 心身の健康の保持・増進を図り、健康で活力に満ちた長寿社会を実現するため、ライフステージに応じたスポーツ活動を推進する。	2．若者のスポーツ参加機会の拡充や高齢者の体力つくり支援等のライフステージに応じたスポーツ活動の推進
③ 人と人との交流及び地域と地域との交流を促進し、地域の一体感や活力を醸成し、人間関係の希薄化等の問題を抱える地域社会の再生に貢献するため、住民が主体的に参画する地域のスポーツ環境を整備する。	3．住民が主体的に参画する地域のスポーツ環境の整備
④ 国際競技大会における日本人選手の活躍が、国民に誇りと喜び、夢と感動を与え、国民のスポーツへの関心を高め、我が国の社会に活力を生み出し、国民経済の発展に広く寄与するため、国際競技力の向上に向けた人材の養成やスポーツ環境の整備を行う。	4．国際競技力の向上に向けた人材の養成やスポーツ環境の整備
⑤ 国際相互理解を促進し、国際平和に大きく貢献するなどにより、我が国の国際的地位を向上させるため、オリンピック・パラリンピック等の国際競技大会の招致・開催等を通じた国際貢献・交流を推進する。	5．オリンピック・パラリンピック等の国際競技大会等の招致・開催等を通じた国際交流・貢献の推進
⑥ 才能ある若い世代が夢や希望を持ってスポーツ界に進めるなど、誰もが、安全かつ公正な環境の下でスポーツに参画できる機会を充実させるため、スポーツ界の透明性、公平・公正性を向上させる。	6．ドーピング防止やスポーツ仲裁等の推進によるスポーツ界の透明性、公平・公正性の向上
⑦ 地域におけるスポーツを推進する中から優れたスポーツ選手が育まれ、そのスポーツ選手が地域におけるスポーツの推進に寄与するというスポーツ界の好循環を創出する。	7．スポーツ界における好循環の創出に向けたトップスポーツと地域におけるスポーツとの連携・協働の推進

第1期スポーツ基本計画の該当部分、項目名を抜粋

本章では、現行の第二期スポーツ基本計画の概要と第一期計画からの変容について述べる。

二　スポーツ基本計画のポイント　～現代社会におけるスポーツの価値～

(1)　スポーツ政策の基本方針

第二期計画（図1）では、スポーツ政策の基本方針として、まず、『スポーツの「楽しさ」「喜び」こそがスポーツの価値の中核であり、全ての人々が自発的にスポーツに取り組み自己実現を図り、スポーツの力で輝くことにより、前向きで活力ある社会と、絆の強い世界を創る』と謳われている。これはスポーツ基本法から導かれたスポーツの本質からして、スポーツ政策を進めて行く上で、何よりも大切にし、踏まえなければならない事柄である。根本にスポーツは楽しいもの、喜びを得られるものであるということを据え、そのためには自発的に取り組むことが必要であり、それでこそ自己実現も図られ、スポーツの価値が発揮された社会、世界が生まれるとしている。また、誰かに押し付けられて無理やり参加させられる、すなわち、そこに楽しみや喜びが無いような形では、スポーツの価値はなおざりにされてしまうこととなる、という逆説的に警鐘を鳴らす表現でもある。なお、これはもちろんスポーツをすることについてだけではなく、みること、ささえることすべてに関わることである。

続いて基本方針では、スポーツの価値が発揮されてどのようなことが実現できるかを以下の

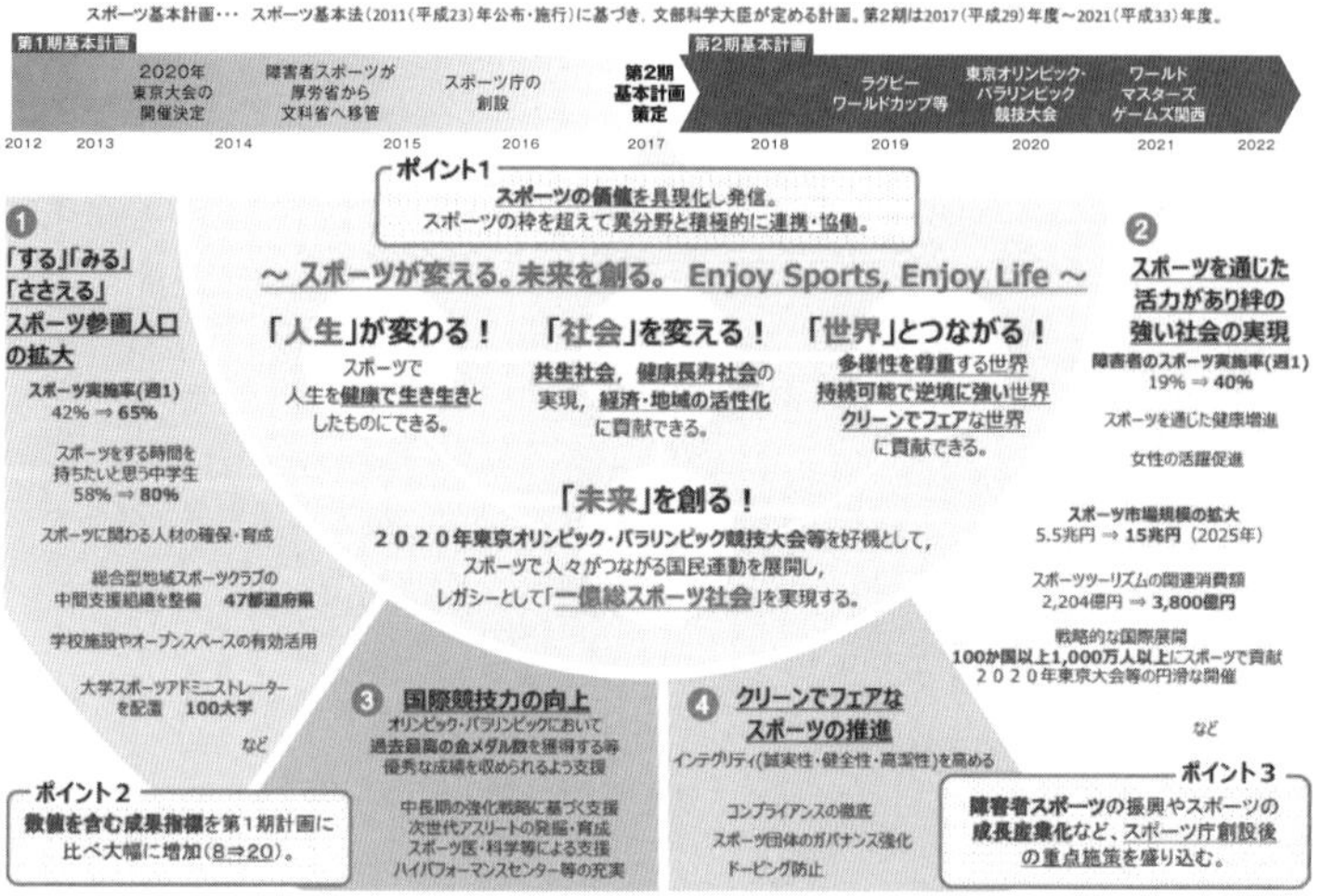

第２期スポーツ基本計画策定時のスポーツ庁作成資料より

図１　第２期スポーツ基本計画のポイント

四つの項目で示している。「人生が変わる！」、「社会を変える！」、「世界とつながる！」「未来を創る！」である。

まず、「人生が変わる！」の項では、「スポーツを日常生活に位置付けることで、スポーツの力により人生を楽しく健康で生き生きとしたものにすることができる」とされている。具体的には、スポーツをすることで楽しみや喜びが得られること、また、みることでアスリートの姿に感動し、人生に活力が得られること、さらに、ささえることで人々が共感し合い、社会の絆が強くなっていくことが述べられている。

次に「社会を変える！」、「世界とつながる！」の項では、「スポーツに関わる全ての人々が主体的に取り組むことで，スポーツの力が十分に発揮され，前向きで活力に満ちた日本と，絆の強い世界の実現に貢献できる」とされている。具体的には、「社会を変える！」については、子供、高齢者、女性、外国人など全ての人々が分け隔てなくスポーツに親しむことで、心のバリアフリーや共生社会が実現すること、スポーツの適切な継続で健康寿命を延ばすことができ、医療費抑制につながること、スポーツの成長産業化による好循環の実現やスポーツ資源を生かした地域経済の活性化など地方創生に貢献することなどが述べられている。また、「世界とつながる！」の項では、スポーツによる国際交流、開発と平和への支援を通じて、多様性を尊重する世界、持続可能で逆境に強い世界の実現に貢献すること、他者への敬意や規範意識を高められるスポーツを日本が推進することにより、クリーンでフェアな世界の実現や国際的地位の向上に貢献できることなどが述べられている。

　最後の項目「未来を創る！」は、それまでの三つの項目と並ぶものというよりはこれらを進めるために、二〇二〇年東京大会を視野に入れつつ「一億総スポーツ社会」を実現していくという分野横断的なものとなっている。その中ではスポーツに無関心であった人々や、したくてもできなかった人々もスポーツに参画できるようにすることや、スポーツの枠を超えた他分野との連携・協働、異分野からの人材の受入れが提言され、加えて国民の信頼を確保するためにスポーツの価値を脅かすような不正をなくすことの重要性が言及されている。

第一章で述べたように、第一期計画では、スポーツ基本法に淵源を持つともいえる「目指すべき社会の姿」が五点にわたり提示されていたものの、続く七点の「基本方針」は、既存の施策を中心として取りまとめた「取り組むべき施策」とほぼ一致する構成となっていた。

これと比較すると、第二期計画では、「基本方針」がスポーツ基本法に示されるスポーツの価値から導き出されるものとなっており、「取り組むべき施策」の整理もこれを基にして行われている。スポーツ基本法からスポーツ基本計画という一貫した構成がより明確になったと評価できるものである。

(2) 今後五年間に取り組む施策

計画期間である今後五年間に取り組む施策は、四つの柱で整理されている。

一点目はスポーツ参画人口の拡大と人材育成・場の充実である。参画人口の拡大については、若年期から高齢期までのライフステージに応じたスポーツ活動の推進、すなわち生涯スポーツの推進と、学校体育をはじめとする子供のスポーツ機会の充実による運動習慣の確立と体力の向上がまず挙げられている。子供の頃から楽しく体を動かす習慣を身に付けることが生涯にわたるスポーツの実施にとって重要なことは言うまでもないが、むしろ体育指導や部活動がスポーツ嫌いを生みかねない点にも着目し、スポーツの多様な楽しみ方を将来実践できるようにすることに主眼を置いて内容や指導方法の改善を目指していることに目が引かれる。さらに、「ビジネスパーソン、女性、障害者のスポーツ実施率の向上と、これまでスポーツに関わってこなかった人へのはたらきかけ」とターゲットを絞った取り組みを項目だてしている点は注目される。もちろん、参画することを好まない人を強制的にスポーツに関わらせるというようなことは、スポーツの本旨からして適当ではないが、様々な理由でたまたまスポーツの楽しみに接することがなく過ごしてきた人に、スポーツに関心を持つ機会を持ってもらう、また、就業してから多忙等の理由で学生時代のスポーツ習慣を失った人について、通勤時間のウォーキングなど気軽にスポーツに取り組める環境づくりや企業の「健康経営」を促進するなどの取り組みも示されている。

　スポーツに関わる人材で代表的なものは指導者であるが、専門スタッフ、審判員、経営人材、サポーター、ボランティアなど全体像は多種多様である。指導者の育成をはじめとして活躍する人材を確保することに取り組むことが、参画人口の拡大に必要不可欠であるとともに、参画人口の拡大そのものであると位置づけられている。また、地域でのスポーツ推進に大きな役割を果たすことが期待される総合型スポーツクラブの質的充実、物理的な場であるスポーツ施設やオープンスペースの確保も求められている。さらに大学スポーツについて、単に人的資源や施設など大学に蓄積されているリソースを地域スポーツ振興のために活用することにとどまらず、学生のスポーツ活動も含めてスポーツの振興とひいては大学自体の振興のための体制を、大学にそして大学横断的かつ競技横断的に構築していくことが述べられている。

柱の二点目は、スポーツを通じた活力があり絆の強い社会の実現である。この部分は㈠スポーツを通じた共生社会等の実現、㈡経済・地域の活性化と㈢国際社会の調和ある発展への貢献の三つからなり、さらに、㈠は障害者スポーツの振興等、健康増進、女性の活躍促進、㈡はスポーツの成長産業化、地域活性化に細分化されている。また、㈢ではスポーツの力により、既に基本方針で述べられた、「多様性を尊重する社会」、「持続可能で逆境に強い社会」、「クリーンでフェアな社会」を実現することへの貢献が掲げられている。具体的な施策としては、障害者スポーツの推進体制の構築、スポーツ・レクリエーションプログラムの開発、施設のユニバーサルデザイン化の促進、障害者スポーツ用具等の整備（以上、障害者スポーツの振興等）、スポーツによる健康寿命延伸の効果についてのエビデンスベースでの情報発信、普及、生活習慣病の予防・改善や介護予防等に効果的なスポーツプログラムの策定（以上、健康増進）、女子児童のスポーツへの積極的参加や女子生徒の運動習慣の二極化等の課題を踏まえた環境整備、女性特有の課題に着目しての競技力向上、女性指導者の増加や団体役員への登用の促進（以上、女性の活躍促進）、スタジアム・アリーナの整備に関するガイドラインの策定、経営人材育成のカリキュラム作成支援、個人とスポーツ団体のマッチングによる人材活用促進、スポーツ団体の組織基盤の強化（以上、成長産業化）、関連産業・事業者と連携したプロモーション等によるスポーツツーリズムの需要喚起、地域スポーツコミッションの設立支援等によるスポーツツーリズムの実施体制の強化、住民の地域スポーツイベントへの参加等を通じたスポーツによる地域一体感の醸成と地域コミュニティの再生、維持（以上、地域活性化）、国際競技団体等の日本人役員数の増加に向けた取り組み、国際競技大会や国際会議の誘致、実施、スポーツ・フォー・トゥモローのさらなる推進（以上、国際社会の調和ある発展への貢献）などが上げられている。これらの取り組みの具体例については第三章で見ていきたい。

三つ目の柱は、国際競技力の向上に向けた持続可能な人材育成や環境整備、中長期の強化戦略に基づく競技力強化の支援システム、次世代アスリートの発掘・育成の戦略的体制、スポーツ医・科学、技術開発、情報等による多面的な支援、トップアスリートのニーズに応える拠点の充実をその内容としている。従前からの課題である中長期的強化については、三年後に迫る二〇二〇年東京大会に向けては当然としてそれ以後の持続的な競技力強化を戦略的・計画的に行うよう競技団体に求め、その計画自体の評価を資金分配に反映するという施策が注目される。また、目の前の選手の強化だけではなく、将来を見据えてのジュニア層の発掘・育成からトップアスリートとしての強化への連続性については、様々なステークホルダーの連携により総合的な体制を構築することとしている。

最後の柱は、クリーンでフェアなスポーツの推進によるスポーツの価値の向上である。ここであげられているのは、コンプライアンスの徹底やスポーツ団体のガバナンスの強化等、そして、ドーピング防止活動である。そのための関係者への教育・研修活動、団体への継続的なモニタリングなどが施策としてあげられている。

先に立つ三つの柱が、いわばスポーツ活動を直接推進する施策を項目立てて整理したものであるのに対して、この柱に盛り込まれていることは、その下支えとなるとでも言うべき事柄である。すなわち、ここまで縷々述べてきたスポーツの推進の基本にあるのは、スポーツは多面的な価値を持つ、その価値を発揮することが必要であり有効であるという考え方である。そして、それらの価値を価値たらしめているのはスポーツ・インテグリティである。スポーツに携わるものが、競技の場はもちろんのこと、それ以外でも不正や不誠実に行動することは、スポーツに対する信頼を低下させてしまう。ある意味、スポーツの価値はスポーツの力を信じるところに生まれるものであるから、そのような状況、すなわちスポーツ・インテグリティが損なわれた状態は、スポーツ推進の大前提を失うことになりかねないのである。

計画の策定が進められた時期には、アスリート等による違法賭博、違法薬物、スポーツ団体での不正経理、スポーツ指導者による暴力、ファン等による人種差別や暴力行為等、様々なスポーツ界の不祥事が世間の耳目を集めることとなっていた。計画に盛り込まれた内容は、こうした事態への対処としての施策の集合という色彩を帯びてはいるが、今述べたように、スポーツ・インテグリティの維持・向上は、不断の努力を続けて推進しなければならない、根本的な課題であるという認識が必要である。

三　スポーツの価値を生かす――現場での取り組みは

本章では、前章で述べたスポーツの多様な価値を生かす取り組みについて、具体例を挙げながら説明する。

(1)　地域の活性化

①スタジアム・アリーナの改革

スポーツは、小売、興行、建設、旅行、放送・新聞等、地域経済の様々な分野を活性化する可能性を持っており、スタジアム・アリーナは単なるスポーツを行う場所、見る場所としてではなく、これらの活性化のために必要な基盤として位置づけられる。また、経済効果を生み出す基盤との捉え方は十分ではなく、スタジアム・アリーナをまちづくりの中核として捉える必要がある。まちづくりの中核として果たすことが期待される役割については、「スタジアム・アリーナ改革指針」（二〇一六年一一月、スポーツ庁、経済産業省）では、

①にぎわいの創出：集客施設として、人々の地域内交流に加えて、スポーツツーリズム等による地域間対流を促すことにより、まちのにぎわいを創出

②スポーツ機会の増加：身近なスポーツチームの存在や地方公共団体との連携により、地域住民のスポーツ機会が増加し、青少年の健全育成や多世代にわたる健康増進を促進

③地域の社会課題の解決：スポーツチームの積極的な社会貢献活動やスポーツ選手の地域に対する高い訴求力を活かしたパブリックメッセージの発信等を通じ、社会問題の啓発、被災地復興などの様々な社会課題の効果的な解決へ

と示している。[4]

スタジアム・アリーナ改革については、スポーツ庁が二〇一七年度から先進事例形成事業を実施しており、二〇二〇年度まで累計二三（重複あり）の成果報告[5]が取りまとめられている。ここでは、二〇二〇年度の事例から三つを紹介する。

一つ目は長崎スタジアムシティプロジェクト。この事業主体は通販大手のジャパネットホールディングスである。長崎駅から徒歩一〇分に位置する三菱重工の工場跡地を同社が買収して再開発するものである。同社はサッカーJリーグのV・ファーレン長崎、バスケットBリーグの長崎ヴェルカを所有しており、二万席のスタジアムと五千席のアリーナはそれぞれのホームとなることと想像される。また、商業施設二万平方メートル、オフィス二万平方メートルが併

設されるほか、ホテル約二七〇室、駐車場などの多機能複合施設として運用予定となっており、スタジアムのＶＩＰボックスをホテル客室として活用、バスケットボールクラブのスクール運営、子育て支援施設、学習施設などの運営、平日のビジネス利用など、サッカーやバスケットボールの試合以外の用途が種々示されている。事業のビジョンとして「スタジアムを中心とした新しいまちから、新しい長崎の風景をつくりだすことで、生活をより豊かに長崎全体が活性化され」と述べているように、まさにまちづくりの中核たる構想であるといえる。

次の例は、ＪリーグのＦＣ今治の関連会社が事業主体の里山スタジアムである。サッカーの試合のほかにもコンサート、カルチャースクール、ホテルや福祉施設などのヒト・モノ・コトが集い、世代、性、国籍、障害の有無を問わずアクセス可能で心のよりどころとなる空間をコンセプトとしている。試合のない日のにぎわい創出のためにフィットネスジム、学童保育等の運営を検討し、維持管理業務を社会福祉法人に委託することで健常者と障害者が日常的に混在する場の創出を目指している。

三例目の「京都北山アリーナ」は、老朽化した京都府立大学を建て替え、京都府立医科大学、京都工芸繊維大学の共同体育館とするとともにＢリーグの京都ハンナリーズのアリーナとして位置づけるものである。さらには北山エリアの文化資源とも連携してスポーツと文化による北山エリアの地域活性化の拠点と位置付けられている。大学のスポーツ施設が他大学、プロスポーツ、文化と広がり、地域活性化に役割を果たす構想である。

②スポーツツーリズムの推進

スポーツツーリズムは、文字通りスポーツの参加や観戦を目的に地域を訪れたり、地域資源とスポーツが融合した観光を楽しむものであるが、いくつかのパターンに分けられる。

国際スポーツ大会として、大規模な訪日客が想定される例としては、ラグビーワールドカップや二〇二〇年東京大会は無観客とはなったもののオリンピック・パラリンピック、さらに、当初二〇二一年に関西圏で開催予定だったワールドマスターズゲーム[6]などが上げられる。

具体的には、ラグビーワールドカップが我が国で開催された二〇一九年九月及び一〇月の同大会出場国からの訪日客数は、いずれも前年同月に比べて約八万人増と大幅な伸び（英国については八割増）を見せ（国内客も合わせた総観客数は四五試合で約一七〇万人）、二〇二〇東京大会については、報道によれば一〇〇万人の海外からの観客を想定していたとされている。なお、ワールドカップ時の訪日旅行支出は平均三八万五千円で非観戦者の二倍以上、一泊あたりで見ても支出が高い傾向との試算結果を観光庁が公表している。また、概ね三十歳以上のスポーツ愛好者であれば誰もが参加できる生涯スポーツの国際競技大会であるワールドマスターズゲーム関西は、観客ではなく競技者として国外から二万人の参加を目標（国内からの参加も合わせた目標は五万人）としている。

スポーツ大会でも、日常的に行われているプロスポーツのリーグ戦は、近年地域密着型のクラブ運営が増加している中、地元に対戦相手のチームの応援者が多く来訪するケースも少なくない。また、ここのところ中止を余儀なくされているが、市民マラソンなどの参加型大会には、参加募集開始直後に満員になる大会や参加のための抽選が難関となっている大会も多い。特産のスイカ食べ放題で有名な富里スイカロードレース大会は一例である。

さらに、スポーツツーリズムの形としてはスポーツ合宿が上げられる。例えば、網走市では、梅雨がなく、夏の日照時間が長く清涼な気候条件を生かして、スポーツ合宿の誘致が盛んである。約四〇ヘクタールの網走スポーツ・トレーニングフィールドにラグビー、サッカーなどに使用されるコートが七面、テニスコート一六面、野球場、多目的屋内ドームが整備されている。また、市営陸上競技場はＪＯＣ認定競技別強化センターとなっている。合宿者にはスポーツ施設使用料をすべて免除するなどの誘致策をとり、二〇一九年度にはラグビー、陸上、野球、ボート、スケート、スキーなど六四団体約一四〇〇名がスポーツ合宿を行っている。ラグビーでは日本代表やフィジー代表も網走で合宿を行った。スポーツ合宿では、競技者、コーチ、関係者などはもちろんのこと、代表レベルであれば報道関係者やファンの来訪も見込まれるものであり、スポーツ資源を生かしたまちづくりの一つとして盛んとなっている。

このようなスポーツツーリズムの高まりをさらに推進するために、国においてはスポーツ庁、文化庁、観光庁の連携の取り組み[7]として、スポーツ文化ツーリズムアワードという表彰事業が二〇一六年から行われており、二〇二〇年までに三〇を超える各地のユニークな取り組みが受賞している。また、スポーツ庁は、戦略的にスポーツツーリズムを推進するため、二〇一八年三月にはスポーツツーリズム需要拡大戦略[8]を公表し、その中で、アウトドアスポーツツーリズムと武道ツーリズムを新規重点テーマとして設定している。武道は海外でも愛好者が多いことから発祥の地である日本への関心、訪日意欲を喚起できる点、日本の優れた雪質や里山等の自然資源を活用しての展開が期待できる点が示されている。

(2) 共生社会等の実現

①障害者スポーツの振興

障害者スポーツについては成人全体との比較で実施率の低さが課題となっている。週一日以上のスポーツ実施率で見ると、成人全体が六〇%弱であるのに対して、障害者成人では二五%弱にとどまっている(図2)。障害者スポーツの推進のために、施設、指導者、組織など多岐にわたる課題に取り組む事例を収集、共有するため、スポーツ庁では障害者スポーツ推進プロジェクトなどの各種の取り組みを行ってきている。ここでは、令和二年度の札幌市の取り組

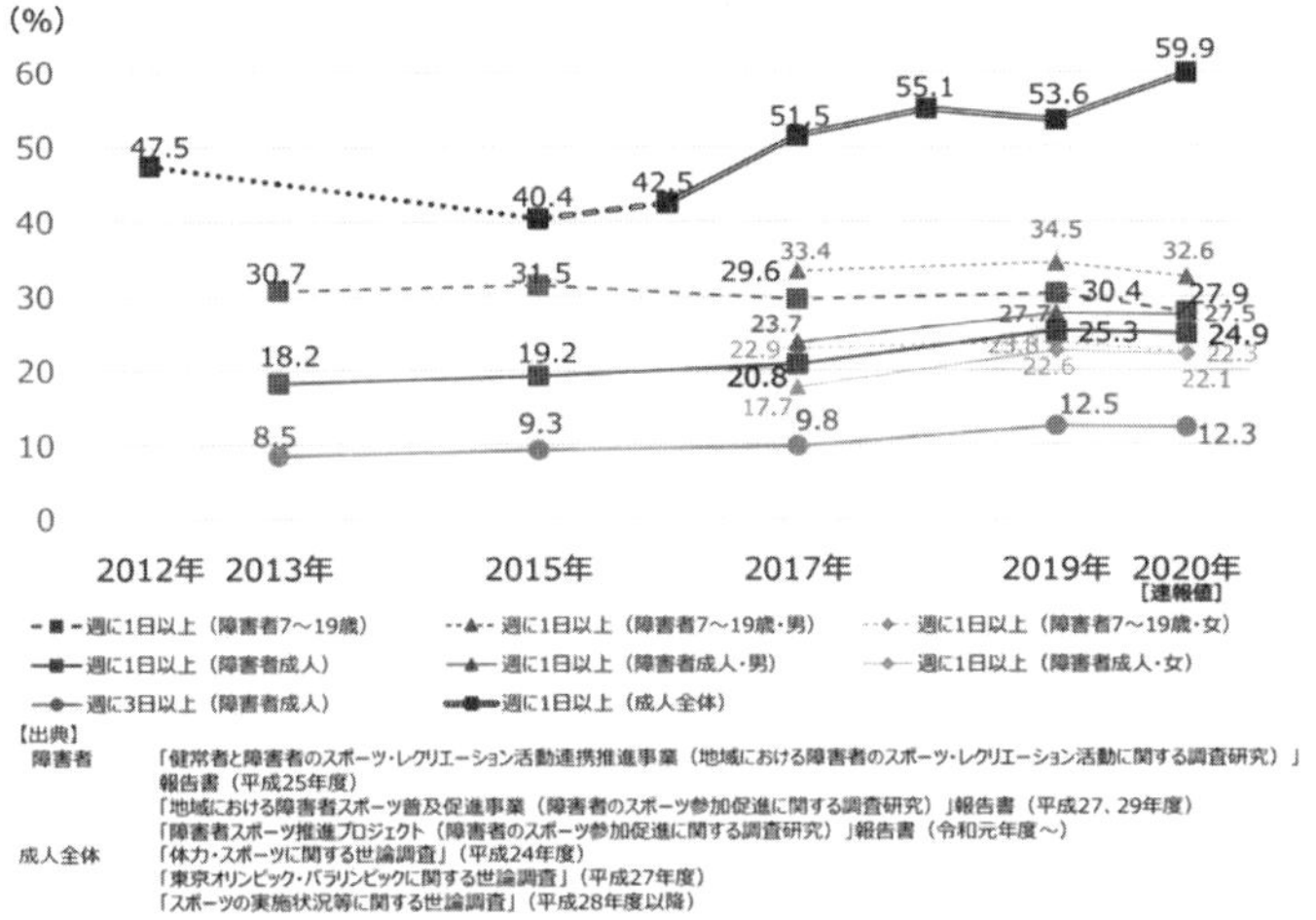

スポーツ庁作成資料

図２　障害者と成人全体のスポーツ実施率の比較

み、パラスポーツクラブSAPPOROの設置・運営を上げる。この取り組みでは、市が事業実施の主体となりつつ、官・民・学のステークホルダーが構成団体となる札幌市障害者スポーツ普及協議会において連携しての実施となっている。肢体不自由児が月三回程度様々なパラスポーツを行うものであるが、先述の多岐にわたる課題の裏返しとして、事業実施に当たっては、多くの関係者、機関が関わることから、このようなシステムを形成しての事業実施が有効であったと考えられる結果となっている。

②スポーツを通じた健康増進

人生百年時代といわれるが、日本人の

平均寿命は、女性は八七歳、男性も八一歳を超えている。しかしながら介護など他人に頼らずに自立して健康に生活できる健康寿命は女性約七五歳、男性約七二歳となっている。すなわち、両者には女性一二年間、男性九年間と相当の差があることになる。健康長寿社会の実現と言われるのは、この差を縮め、長い期間を多くの人が健康で暮らす社会を目指すという意味である。

　健康を保つことは、医療費や介護費用の抑制につながることは自明である。少子高齢化社会がますます進展し、社会保障の仕組みが現役世代にとって大きな負担となる今、健康寿命を延伸し、健康長寿社会の実現は大きな社会課題である。

　適度な運動は健康に良いということは、多くの人が経験則などとして認識していることと思われるが、実際にスポーツによる医療費抑制の取り組みが自治体レベルで進んでおり、研究成果も上がりつつある。ここでは、そのような取り組みの例と、特に今までスポーツをする習慣の薄かった層に対するスポーツの習慣化を図る事例について取り上げる。

　医療費抑制への取り組みの例としては、（図３）にあるように自治体が住民を対象に行った事業、会社が従業員に対して行った取り組み、運動・栄養プログラムを開発した会社が自治体の協力を得て実証実験を行ったものなどが挙げられる。[9] いずれも対象とするグループにスポーツ・身体活動を習慣づけるプログラムを実施し、その前後、あるいはプログラムへの参加者と非参加者の間の比較を行うことにより、成果を測ろうとしたものであるが、少なくともこれ

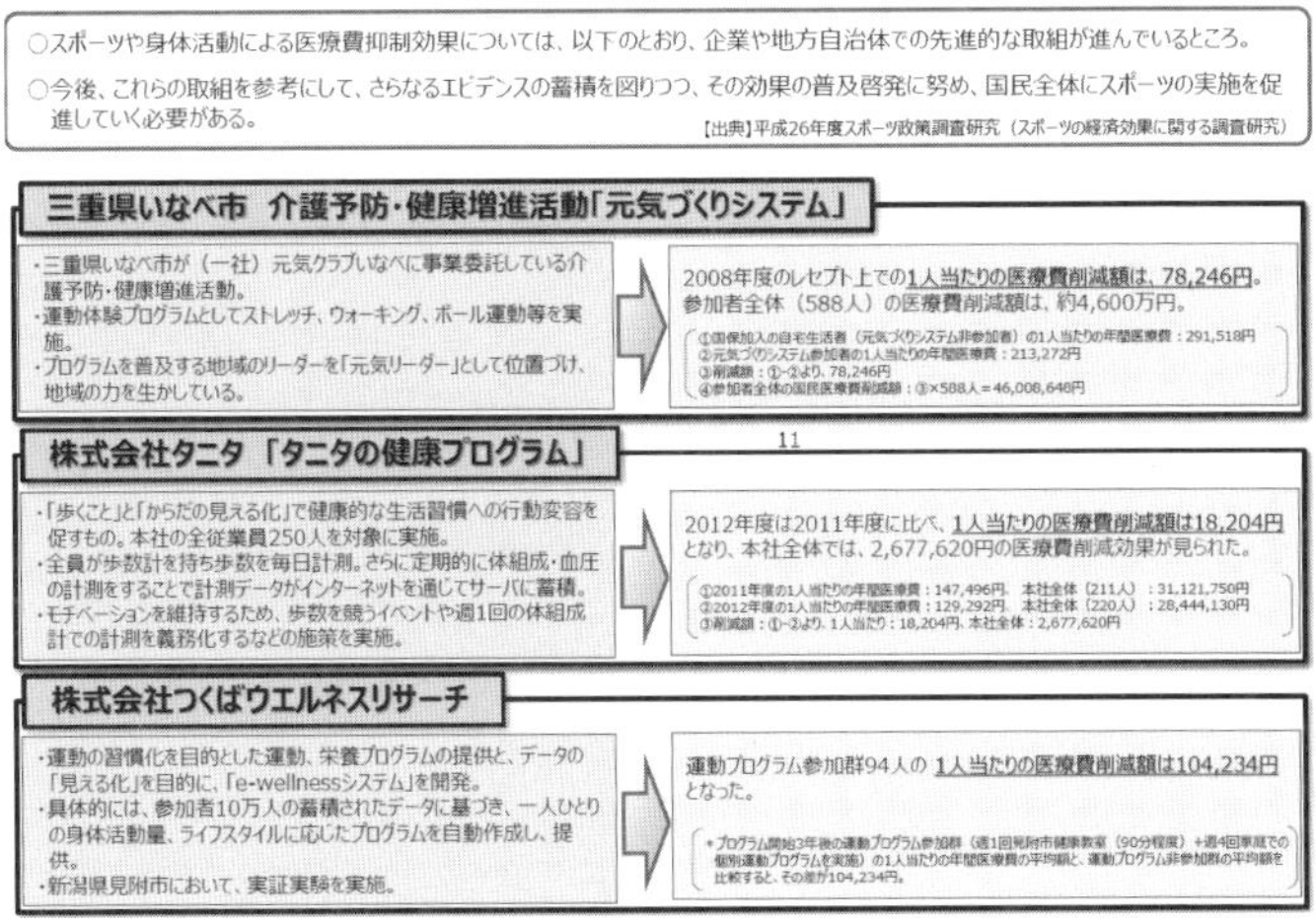

経済財政諮問会議ＷＧスポーツ庁提出資料

図３　スポーツ・身体活動による健康増進・医療費抑制効果について

らの取り組みにおいては有意な医療費の削減効果があったように見える。中でも（株）つくばウェルネスリサーチが行った実証実験の結果（図４）では、プログラム開始三年後にはプログラム参加者と非参加者の一人当たりの年間医療費の差が十万円に及ぶという結果が出ている。

既に民間の保険会社では、加入者の運動実績に応じて保険料の割引や還付金受け取りといったメリットを受けられる商品も存在しているが、スポーツと医療費削減についてさらにエビデンスが蓄積されて、公的な社会保障制度の中に組み込まれることも将来的には期待されるところである。

スポーツ習慣の薄かった層への働き

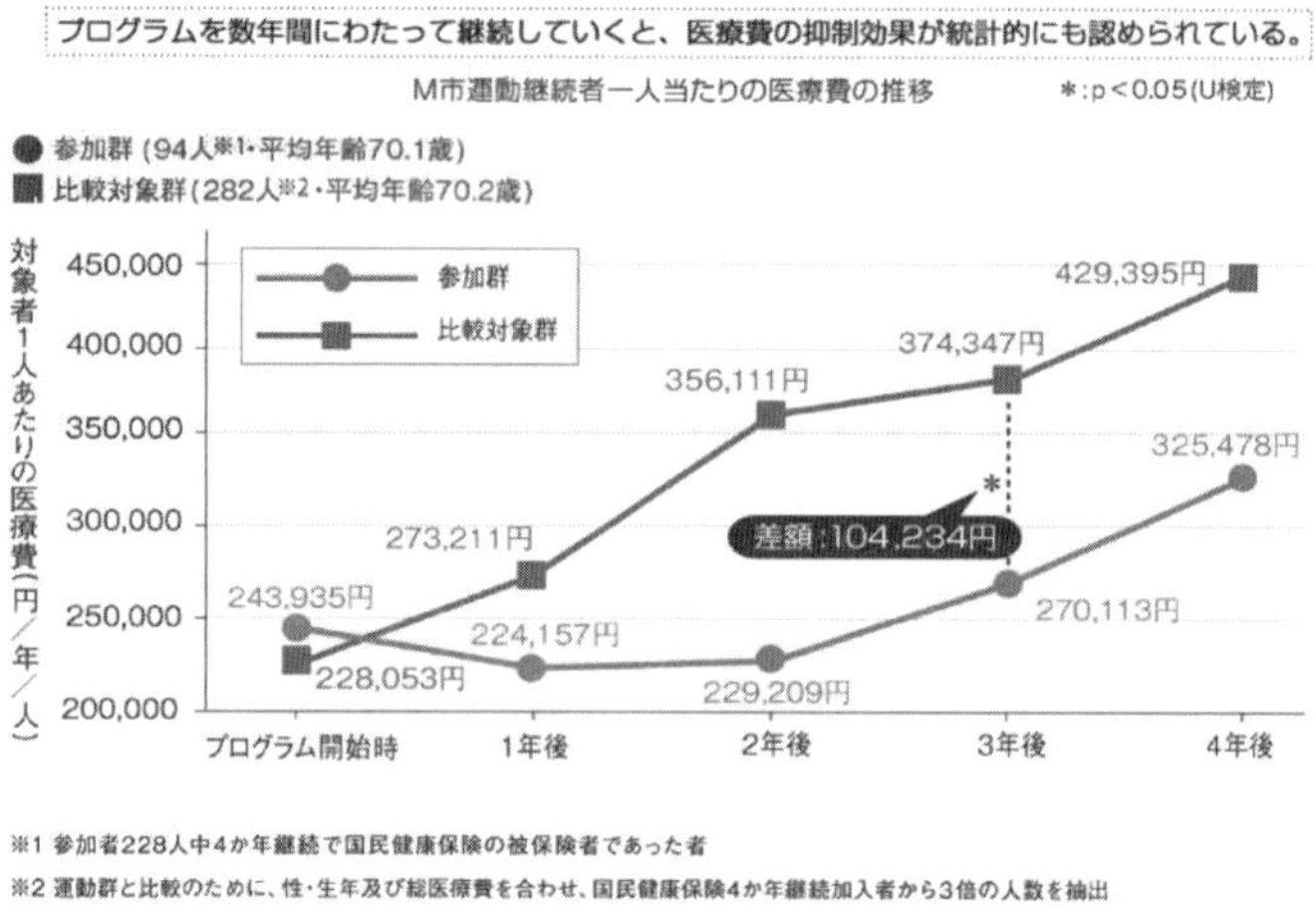

（資料）株式会社つくばウエルネスリサーチ提供

平成26年度スポーツ政策調査研究（スポーツの経済効果に関する調査研究）調査報告書より

図4　M市における医療費抑制・削減効果

かけとしては、スポーツ庁が関係団体とともにコンソーシアムを結成し、取り組みを進めるSport in Lifeプロジェクトに多くの参考事例(10)が挙げられている。多忙などを理由にスポーツに親しむ習慣の薄いビジネスパーソンを対象に、都心の明治神宮球場で終業後の時間にヨガのイベントを行うもの、社内健康増進活動を推進して健康経営を推進し、社員が運動習慣を身に付けるようにするもの、地域のスポーツクラブが高齢者のスポーツプログラムへの参加を促進し、運動のみならずコミュニティづくりに貢献するもの、フリーペーパーの発行・配布により子供にも大

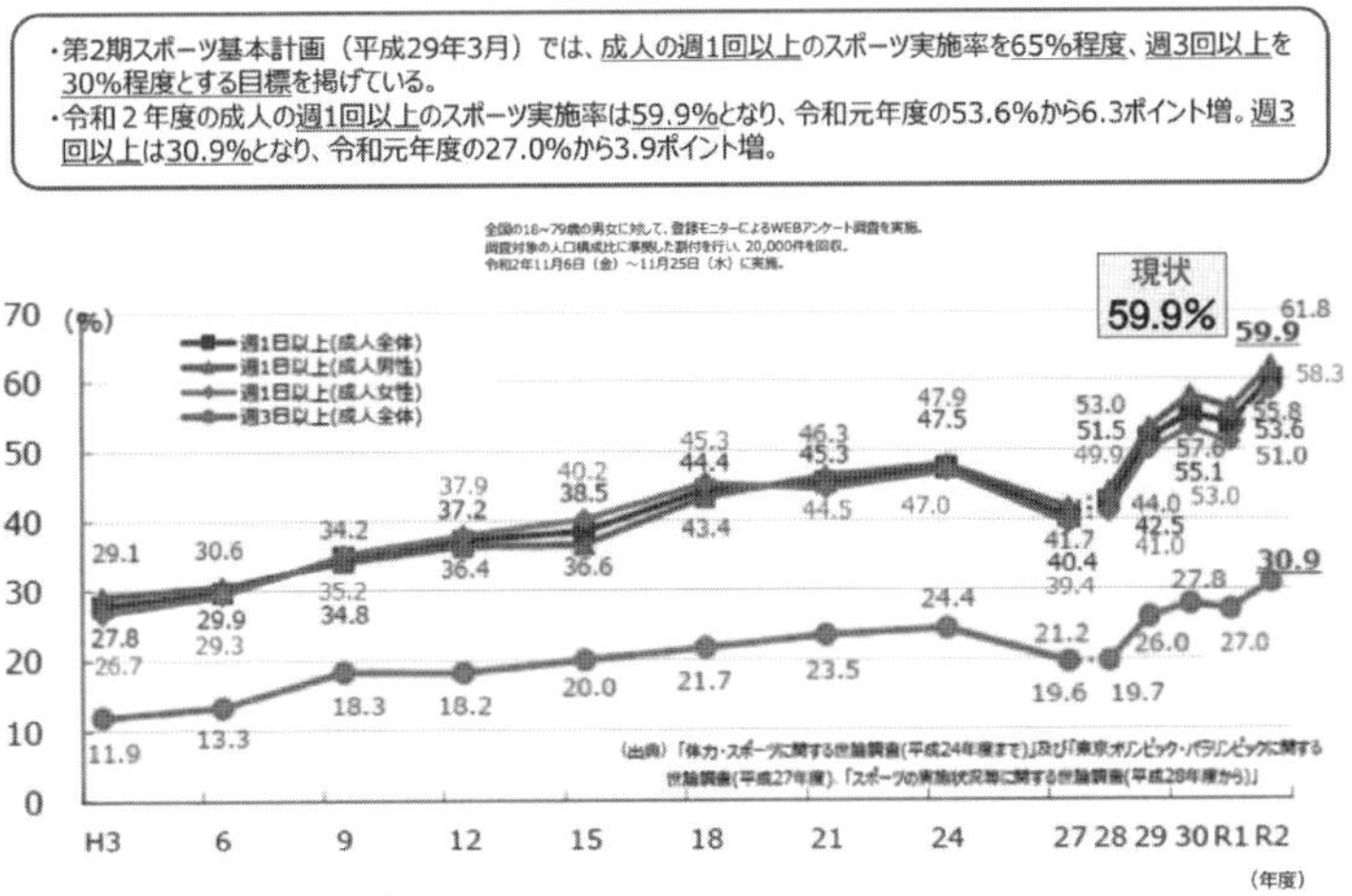

スポーツ庁作成資料

図5　成人のスポーツ実施率の推移

人にもスポーツへの関心を高めようとするものなど、その取り組みは多様である。

③スポーツを通じた女性の活躍促進

すでに述べたように、女子は「する」「みる」「ささえる」の全般にわたってスポーツへの参加率が低い。特に二十代〜四十代の女性のスポーツ実施率は週一回以上が二八・二%と低い（図5）。また、競技団体等においても指導的立場に占める女性の比率が低い。

このような課題に対して、スポーツ庁では「女性スポーツ促進キャンペーン〜二〇一八―二〇一九年度女性スポーツ推進プロジェクト[11]」として、運動不足からくる健康課題の周知を行うとともに、忙しい女性のためのスポーツプログラムを開発し普及を図るなどの取り組み[12]を行っているところである。二〇一九年度には人気キャラクター・チコちゃんをスポーツアンバサダーに任命してPRを行った。

また、指導者、団体役員としての女性の活躍については、育成体制の強化を図るとともに、二〇一九年六月の中央競技団体向けスポーツ団体ガバナンスコード[13]においては、団体の女性理事の割合を四〇％以上にするべきとの原則を示したところである。

注

（1）スポーツ基本法公布（二〇一一年六月）時の文部科学省ウェブサイトの関連ページ。
https://www.mext.go.jp/a_menu/sports/kihonhou/index.htm
現行のスポーツ庁のウェブサイトのスポーツ基本法関連ページ（https://www.mext.go.jp/sports/b_menu/sports/mcatetop01/list/1371905.htm）には掲載されていない「新旧対照表」が掲載されており、旧法であるスポーツ振興法との比較が容易である。

（2）第一期スポーツ基本計画は、スポーツ庁ウェブサイトの「これまでに策定されたスポーツに関する計画等について」のページに掲載されている。
https://www.mext.go.jp/sports/b_menu/sports/mcatetop01/list/detail/1383695.htm

（3）スポーツ庁ウェブサイト「スポーツ基本計画」のページ
https://www.mext.go.jp/sports/b_menu/sports/mcatetop01/list/1372413.htm

（4）スタジアム・アリーナ改革指針はスタジアム・アリーナ改革ガイドブックに含まれている。スタジア

ム・アリーナ改革ハンドブックのページ（スポーツ庁）
https://www.mext.go.jp/sports/b_menu/sports/mcatetop02/list/detail/1411943.htm

（5） スタジアム・アリーナ先進事例成果物
（二〇一七年度） https://www.mext.go.jp/sports/b_menu/sports/mcatetop02/list/detail/1405406.htm
（二〇一八年度）
https://www.mext.go.jp/sports/b_menu/sports/mcatetop02/list/detail/1371873.htm
（二〇一九年度）
https://www.mext.go.jp/sports/b_menu/sports/mcatetop02/list/detail/1371873_00002.htm
（二〇二〇年度）
https://www.mext.go.jp/sports/b_menu/sports/mcatetop02/list/detail/1371873_00003.htm

（6） 二〇二二年に延期して開催の予定が、二〇二六年への再延期の方向で調整中。

（7） 「スポーツ・文化・観光」の連携による取組
https://www.mext.go.jp/sports/b_menu/sports/mcatetop09/list/detail/1372563.htm

（8） スポーツツーリズム需要拡大戦略
https://www.mext.go.jp/sports/b_menu/shingi/019_index/toushin/1402796.htm

（9） 図3、図4の出典である平成二六年度スポーツ政策研究（スポーツの経済効果に関する調査研究）のうち、第四章が医療費削減の効果に関する部分。 https://www.mext.go.jp/component/a_menu/sports/detail/__icsFiles/afieldfile/2014/12/08/1353860_5.pdf 及び https://www.mext.go.jp/component/a_menu/sports/detail/__icsFiles/afieldfile/2014/12/08/1353860_6.pdf
（報告書の全体） https://www.mext.go.jp/a_menu/sports/chousa/detail/1353864.htm

（10） Sport in Life 参考事例 https://sportinlife.go.jp/case/
文中で触れた参考事例

神宮スタジアムナイトヨガ（ACTIVE ICON コミッション）https://sportinlife.go.jp/case/pdf/activeiconcommission_01.pdf

従業員のスポーツ実施促進（ブリヂストンスポーツ）
https://sportinlife.go.jp/case/pdf/bridgestonesports_01.pdf

地域のスポーツクラブによる健康増進（ＮＰＯ法人 A-life なんかん、南関町）https://sportinlife.go.jp/case/pdf/a-lifenankan_01.pdf

フリーペーパー LET'S（三重スポーツコミュニケーションズ）
https://sportinlife.go.jp/case/pdf/miesportscommunications_01.pdf

（11） 女性スポーツ推進プロジェクト
https://www.mext.go.jp/sports/b_menu/sports/mcatetop11/list/detail/1422724.htm

（12） 手軽にできるスポーツのススメ～忙しい女性の方に向けて
https://www.mext.go.jp/sports/content/20210331-spt_kensport01-000011954_PDF1.pdf

（13） スポーツ団体ガバナンスコード（中央競技団体向け）
https://www.mext.go.jp/sports/content/1420887_1.pdf

オリパラ後のスポーツの課題

村林　裕

はじめに

昨年（二〇二〇年）、横浜商科大学は、商学部経営情報学科にスポーツマネジメントコースを開設し四八名の学生を迎えました。彼ら彼女らは、スポーツを通じてビジネスを学び、さらにスポーツによって社会の課題を解決することを志します。商大が商学を通じて社会に貢献する道程に具体的にスポーツビジネスという分野を加えました。地域のみなさまとともにスポーツのもつ力を学びたいとして、今年の公開講座のテーマを「スポーツが持つ可能性を考える」としました。本日はその四日目、最終回となります。

一　スポーツの力

スポーツは「する」ものとして理解されてきました。人々の最も関心事である「健康」にとってスポーツは大きな力があります。近年、スポーツは「する」だけでなく「観る」「支える」という三つの要素があるといわれるようになりました。「する」が個人であるのにたいし、「観る」「支える」は、コミュニティの力を高めると考えられます。スポーツをすることを、私たちは幼少期より学びます。健康にとってどれほど影響があるかという情報はやまほどもっています。しかし、スポーツのもつコミュニティへの影響については、さほど学ぶ場、考える場がないように感じます。「スポーツの力」とは何でしょうか。

いくつかの事例をおみせします。その前に、「スポーツマンシップとは?」ときかれた時、みなさんはどう答えますか。私たちは、子どものころから「スポーツマンシップにのっとり正々堂々とたたかいます」といってきました。日本スポーツマンシップ協会の説明によると、「相手を尊重する」「勇気をもってチャレンジする」「覚悟をもってやりきる」とあります。私は、スポーツの力とは、スポーツマンシップをコミュニティで共有することで初めて生まれるものなのではと考えます。

Laureus World Sports Awards をご存じでしょうか。この価値ある世界的な賞を今年、大坂なおみさんが受けられました。大坂さんの発信力はここでくりかえしませんが、その発信力、影響力は非常に大きいことは世界が知っています。この賞は、二〇〇〇年に創設された際、南アフリカのネルソン・マンデラ大統領が、「スポーツには世界を変える力がある」「人種の違いによる差別などの社会問題をスポーツのフェアプレイ精神で解決していこう」と述べたことが理念となっています。アパルトヘイトを廃止し、一九九五年に南アフリカにてラグビーのワールドカップを開催したことは、インビクタスという映画で知ることができます。若い方は、この映画は是非ご覧になるといいと思います。さらに、当賞の候補に、「#スポーツを止めるな」が挙がりました。コロナ禍で高校生がスポーツをすることができない、インターハイが中止になるという状況に、ネットを通じて、彼ら彼女らを応援する活動をされた方々がいます。高校三年生にとって、当たり前のようにあったインターハイという目標が突然消えるというこれまで想像もつかない、悪夢ともいうべき事態がおきています。その子たちに何かできることはないだろうかと考え、行動にうつしたことは素晴らしいと感じます。

一昨年、ラグビーのワールドカップが日本で開催されました。東日本大震災復興のシンボルともいうべき釜石での試合が、台風のために一試合中止となりました。スタジアム建設から始まる多大な努力をし、試合を楽しみにされてきた方々にとって痛恨の判断であったことは想像に難くありません。その悲しみを救ったことが、試合をする予定だったカナダチームの選手たちがボランティア活動に参加したことでした。震災復興時に何でラグビーなんだ。それだけのお金があったら他にすべきことがあるだろうといった批判もある反面、釜石といえばラグビー、東北が元気になるために、ラグビーを通してみんなが一つになろうという声が高まり、実現に至りました。にもかかわらず、自然は残酷です。そうした状況を救ったのがそれもラグビーでした。

二〇一八年平昌オリンピックの映像を覚えている方も多いと思います。スピードスケート五〇〇メートルのレース後、小平奈緒選手と韓国のバンクーバー、ソチ二大会連続金メダルの李相花選手というライバルが、抱き合いながらリンクをウィニングランしたシーンです。日本と韓国は国と国の複雑な関係があるといわれますが、スポーツの世界では、そうした感情は全く無意味で、たんに選手と選手がベストを尽くし、相手を尊重し合う、まさにスポーツマンシップをみた場面でした。

先週、デンマークのサッカー代表のエリクソン選手が試合中に心肺停止になったというニュースをご覧になった方はいらっしゃいますでしょうか。その後病院に搬送され、元気に回復されたそうです。試合中におきた際、両チーム選手がエリクソン選手を囲み、スタンドからの視線を遮り、選手のご家族をエスコートし、慰め、緊急措置を施し、こうした一連の行動が賞賛されています。直前まで激烈な戦いをしていた選手たちが、敵も味方もなく、一人の選手を救おうと祈る姿に、スポーツのよさを感じた人は多いと思います。

二　二〇二〇オリンピックパラリンピック

さて、二〇二〇オリパラの話しをしましょう。まずは、「オリパラ」という表現です。ロンドンオリパラ以降、「オリンピック単独」でよぶことを原則しないとしました。「パラリンピックの成功なくして今大会の成功なし」としました。「今大会」とは「オリンピックパラリンピック」通称「オリパラ」です。パラリンピック実行委員会は「全競技全試合満席」がパラリンピックの目標といっていました。つまり、パラリンピックの全競技全試合満席なくして二〇二〇オリパラの成功とはいわないという意味です。全試合ですから、日本人選手が出場するしないにかかわらずということです。パラリンピックを障がい者の大会として、同情として、あるいは日本人を応援するためではなく、競技を観ることを楽しんでほしい、アスリートの戦いを観てほしいというパラスポーツ関係者の願いがあります。パラリンピアンが、多くの場面で発言している内容です。私自身、この考えに賛同し、何試合でも観たい、行きたいと考えていましたが、残念ながら、この目標は、叶えられなくなりそうです。オリンピックの無観客は寂しいですが、パラリンピックがもし無観客となれば、それはたんに寂しいではすまされず、無観客でのパラリンピックの成功を達成しなければなりません。「パラリンピックの成功なくして今大会の成功なし」です。

さて、みなさんは、二〇二〇オリンピックと二〇二〇パラリンピックのシンボルマークをご存じですね。大会ビジョンは「スポーツには世界と未来を変える力がある」です。「全員が自己ベスト」「多様性と調和」「未来への継承」を三つの基本コンセプトとしました。二つ目の「多様性と調和」をみてみましょう。Diversity & Inclusion という映像が広く流されています。ダイバーシティは「多様性」「一人ひとりのちがい」。インクルージョンは「包括、包含」「受け入れる・活かす」という意味と説明されています。パラリンピックサポートセンターではダイバーシティ&インクルージョンが実現した社会を「一人ひとり違いと認め合い誰もがイキイキと活躍できる」社会としています。

　最近あまり耳にしませんが、一時「レガシー」という言葉を頻繁にききました。二〇二〇年に向けた東京都の取組み―大会後のレガシーを見据えて―というペーパーがあります。二〇二〇年に向けた取組みの方向性の三つ目に、「パラリンピックの成功に向けて、障がい者スポーツの認知度を飛躍的に向上させ、障がい者がスポーツに親しむための環境整備を加速させます」とあります。さらに「パラリンピックを通じて、誰もが暮らしやすい東京を実現する」とし、「パラリンピックは、ノーマライゼーションの考え方を社会に定着させるなど、社会に変革をもたらす力がある」「都市のバリアフリー化や心のバリアフリーの浸透など、ハード・ソフト両面での取組を全力で進め、障がいの有無にかかわらず誰しもが暮らしやすい東京をつくりあげていく」と記載されています。そのうえで、「障がいのある人もない人も互いに尊重し、支えあう共生社会の実現に向けた取組を尊重します」としています。別の表現として、オリパラのレガシーは「健常者も障がいのある人も、一緒にスポーツを楽しむことができる社会をつくる」がわかりやすいです。コロナ禍でオリパラを開催してよいのだろうか、無観客でも無事に開催するにはどうしたらよいだろうか、といった課題が報道されていますが、私たちは、二〇二〇オリパラを誘致する際に、こうしたビジョンを共有し、確認しました。全競技全試合満席という目標が叶えられないものとなった時、もう一つ私たちが掲げた目標を達成すると考えるべきではないでしょうか。それは、レガシーとした「健常者も障がいのある人も、一緒にスポーツを楽しむことができる社会をつくる」です。一年延期された今、はたして、決めたビジョンはどれだけ実現に向かっているでしょうか。

　日本障がい者スポーツ協会が、日本パラスポーツ協会に名称変更します。また、障がい者スポーツの二〇三〇年ビジョンが発表されました。パラリンピックの開催は、私たちが、こうしたビジョンを実現するきっかけであり、決めたことをやろうと確認する場なのだと考えます。パラリンピックの課題として三点掲げられています。一つ目、スポーツとして面白いと認められること。二つ目、パラアスリートの競おうという感情を伝えること。三つ目、ボランティアサポートの醸成です。一つ目はアスリートが努力しています。二つ目はメディアに期待します。三つ目は、私たち一人ひとりが何ができるかを考えることです。

三　総合型地域スポーツクラブを各地域に開設しよう

ボッチャという競技を多くの方が知ったと思います。「ボッチャにシニア熱中」という記事がありました。参加者に応じて、ルールを改訂するなどいろいろな動きがあるそうです。二〇一六年ロンドンパラリンピックの後、イギリスの大学では、健常者と障がい者が一緒に車いすバスケットボールをプレイするようになったそうです。日本の場合、どの大学も学内のスポーツ施設は、運動部のためとなっています。日本は、遊び場としてのスポーツ施設が不足していることをここでも懸念事項として感じます。

大学生あるいは多くの方が、けっして簡単にではありませんが、トレーニングをすることでできることが「視覚障がいのある方の伴走（ガイドランナー）」です。地域スポーツクラブに、視覚障がいのあるランナーが会員となるためには、同じ会員に伴走をできる人が必要となります。競技レベルの高い伴走者だけでなく、一般ランナーの伴走をしてくれる人も必要です。それが地域スポーツクラブのあるべき姿としたいものです。伴走という活動をされている団体が、残念ながら、地域のスポーツクラブの標準型とはなっていません。

横浜市スポーツ協会（旧横浜市体育協会）のホームページをみると、市内の総合型地域スポーツクラブの紹介のページがあります。それぞれの活動内容は、現在コロナ禍ということもあり、調査ができていませんが、一言でいって、市内万遍なくという数には程遠いです。区ごとに記載されていますが、ゼロの区もあります。中学校の部活の指導者は、国の政策としても、横浜市教育委員会の方針としても、教員から部活動指導員への移行がいわれ、部活動指導員の派遣元を地域スポーツクラブとする計画が記載されています。ポスト二〇二〇の最大の課題は、みなさんの住んでいる地域に、中学校の部活動指導委員を派遣できる地域スポーツクラブがあるか？　育っているか？　地域が育てているか？　さらに視覚に障がいのある方が陸上競技あるいはランニングをできる地域スポーツクラブが地元にありますでしょうか？　こうした存在が、その地域の住みやすさの尺度に挙げられ、幸福度数となっていくべきなのだと思います。

　スポーツの環境を考える際、課題は「施設」と「指導者」として検討することができます。シニア、障がい者、女性は、これまでの日本の社会制度の中でスポーツを楽しむことがとくに困難でした。これからは、中学校の部活の危機が近づいています。さらには、小中学生の経済的困窮者がスポーツをすることが難しくなりそうです。この見通しを放置せず、改善するためには、「施設」と「指導者」をいかに用意するのかを考えていくことが必要です。たんに国、県、市の決定を待つだけでなく私たち自身にできることはどういったことでしょうか。ボッチャあるいは車いすバスケットボールへの参加、伴走者になるトレーニング、さらには地域スポーツクラブの運営、経営すること、できることがたくさんあります。

おわりに

コロナ前に戻りたいという言葉をききます。スポーツについていえば、戻るではなく、今こそ、課題を解決し、新たな社会「ダイバーシティ&インクルージョン」を目指すことと思います。それが二〇二〇オリパラを誘致した時の想いであり、二〇二〇オリパラが成功であったといえる社会といえます。具体的には、地域スポーツクラブを各地域に開設し、どのクラブでも障がいのある人と健常者が一緒にスポーツを楽しむことができる、そのうえで、各クラブごとの個性による発展が図られ、中学校の部活動に指導者を派遣し、地域にとってなくてはならない存在になることと思います。

参考文献

スポーツマンシップバイブル　中村聡宏日本スポーツマンシップ協会代表理事、二〇二〇
https://www.laures.com LAUREUS WORLD SPORTS AWARDS 2021
Invictus©2009 Warner Bros.Entertainment Inc.
https://spo-tome.com　#スポーツを止めるな
https://www.olympics.com/ 東京二〇二〇イメージ映像「TOKYO 2020 PEOPLE」
jsad.or.jp>news>[Final]_JPSA「二〇三〇年ビジョン」
https://www3.yspc.or.jp 横浜市スポーツ協会

執筆者紹介（執筆順）

浮田善文（うきた よしふみ）教授　データサイエンス、機械学習、人工知能

永野智久（ながの ともひさ）准教授　スポーツ科学、人間工学、スポーツアナリティクス

阪田俊輔（さかた しゅんすけ）専任講師　スポーツ心理学、社会心理学、健康科学

今里　譲（いまさと ゆずる）客員教授　スポーツ政策、文化政策

村林　裕（むらばやし ゆたか）教授　スポーツビジネス

二〇二二年三月二五日　印刷
二〇二二年三月三〇日　発行

スポーツが持つ可能性を考える

編　者　横浜商科大学公開講座委員会
発行者　松本訓子
発行所　株式会社　南窓社
東京都千代田区西神田二丁目四番六号
電話　〇三―三二六一―七六一七
E-mail nanso@nn.iij4u.or.jp
振替　〇〇一一〇―〇―九六三六二

ISBN978-4-8165-0478-5

横浜商科大学公開講座

11. 日本の「いま」を問う
本体2900円

12. 転機に立つ日本
本体2800円

13. 日本の課題
本体2600円

14. 世紀転換期のビジネスと社会
本体2600円

15. 人と地球環境との調和
本体2600円

16. 21世紀へのツーリズム
本体2700円

17. 危機の時代と危機管理
本体2700円

18. IT 革命と新世紀の社会
本体2700円

19. 再考・東アジアの21世紀
本体2800円

20. グローバリゼーションの衝撃と課題
本体2800円

横浜商科大学公開講座

横浜商科大学公開講座

31.　実学「商い」の原点
本体2700円

32.　現代の課題　グローバル化とナショナリズム
本体2600円

33.　観光のインパクト
本体2600 円

34.　最新の情報技術と私たちの暮らし
本体2600円

35.　高齢化社会における経済生活
本体2600円

36.　MICE 攻略法
本体2600円